できるリーダーになるための
上司の条件

だから、部下がついてこない！

嶋津良智 YOSHINORI SHIMAZU

日本実業出版社

部下を育てる「上司学」のすすめ——はじめに

◉日常業務のなかでも、優秀な部下は育つ

会社にとっていちばん大切なものはなんですか?

それは「人」です。

人によってすべてが決まるといっていいでしょう。

優秀な人材がいる会社は高い業績を上げ、成長していきます。優秀な人材がいる部門・部署・チームは目標を達成し、業績アップに貢献します。会社でも部門・部署・チームでも、その成長のカギは人が握っているのです。

そうなると課題は、いかに優秀な人材を増やすか、にあります。

優秀な人材を増やす方法は、「採用」と「教育」しかありません。この二つが充実すれば、会社や組織は優秀な人材でいっぱいになります。

ところが、現実には、なかなかうまくはいきません。

なぜだかわかりますか？　それは、教育が十分でないからです。

採用に関しては、どの会社でも社長さん以下、人事部などを中心に力を入れていますし、その会社なりのノウハウも確立されているでしょう。

ですが教育については、どうも十分とはいえないようです。

日常業務に追われて人材育成にかける時間的余裕がなかったり、教育研修にかける予算がなかったり……。これらの理由で教育が十分に行なわれない。とくに中小企業で、この傾向が強いようです。

私は中小企業の社長さんと、教育の大切さについてお話することがありますが、

「わかってはいるんだけどね…。でも、現実的にはなかなかね…」

という反応をされる方が多いのです。

でも、だからといって教育しなければ、いつまでたっても人は育ちません。会社の業績もなかなか上向いていかないでしょう。

それならば、と私は思いました。日常業務のなかで、優秀な人材を育てたらどうか、と。

では、日常業務のなかで、人材育成をする人といえば誰でしょうか。

それは「上司」です。

人は誰と出会うか、誰に教わるか、誰に相談するかによって、人生が変わります。人の体が食べ物から吸収するビタミンやミネラルで形成されているように、人間の成長とは、よい言葉、よい思い込み、よい学びによって形成されていきます。

つまり**仕事の現場では、部下は、「よい上司に出会う」ことによって、「よい言葉」、「よい思い込み」、「よい学び」を吸収していく**のです。

その結果、部下の意思決定の質が変わり、行動が変わり、成果が変わっていくのです。

◉魅力ある上司が最高の部下・最高の組織を作り上げる

上司がよければ、部下は自然とよくなります。

ピーター・ドラッカーが「人材育成の要点は一流の人材と働かせることである」といっているように、部下の成長は上司次第です。

そこで私は「上司学」というものをつくりました。

「上司学」というのは、あまり聞き慣れない言葉かもしれません。これは、私のこれまでの経験に基づく部下育成に関するノウハウ・ドゥーハウを体系化したものです。

では、ここでちょっと、自己紹介をさせてください。

私は大学卒業後、ＩＴ系ベンチャー企業に入社しました。同期一〇〇名の中でトップセールスマンとして活躍し、その功績が認められ二四歳の若さで最年少営業部長に抜擢され、三か月でマネジャーとして全国ナンバー１になりました。

その後も数々の実績を残しましたが、一九九三年、「理想の会社を創りたい！」との思いから、二八歳の若さで独立し、社長になりました。さらに翌一九九四年、縁あって知り合った二人の経営者と、業界初のフランチャイズ事業をスタートさせるに当たり、合弁で会社を設立しました。

その三年後、株式上場と業界ナンバー１になる夢を託し、出資会社三社を吸収合併し、二〇〇四年、創業以来一つの目標であった株式上場を果たしました。

そして現在は、実質五年で年商五二億円の会社に育て上げた実績を残して、第一線からは退き、後進の育成に努めています。

このように、二四歳のときから「上司」だった私が、独立・起業から会社を上場させるまでに学んだ、部下育成のノウハウ・ドゥーハウを体系化したものが「上司学」なのです。

上司学とは一口にいえば、日常業務のなかで上司自身が成長し、続いて部下を育成し、最終的には最高の組織を作り上げ、成果を上げることを目的としています。

本書で紹介する「上司学」は、次の三つのプログラムで構成されています。

1　最高の上司になる
→魅力的な上司像を明確にして行動する

2　部下と最高の関係をつくる
→部下との効果的な対話による関係強化を図る

3　最高の組織をつくる
→最高の組織をつくり業績アップを図る

それぞれについてもう少し説明しましょう。

「上司学」ではまず、上司自身が魅力的になることをめざします。もともと部下は上司を見て育ちます。部下を変えたいと思ったら、まずは上司自身が「上司とはどうあるべきか」「ものの見方、考え方」を学び、実践しなければなりません。

その次は、部下との一対一のコミュニケーションです。上司自身がどんなにすばらしい考え方を身につけたとしても、心を開き合える関係でなければ、上司の言葉は部下には届かないでしょう。そのために、コミュニケーションのスキル、テクニックを学び、部下との関係強化を図ります。

魅力ある上司となり、部下と最高の人間関係が築けたならば、最後の仕上げは組織づく

■上司学の3つのプログラム

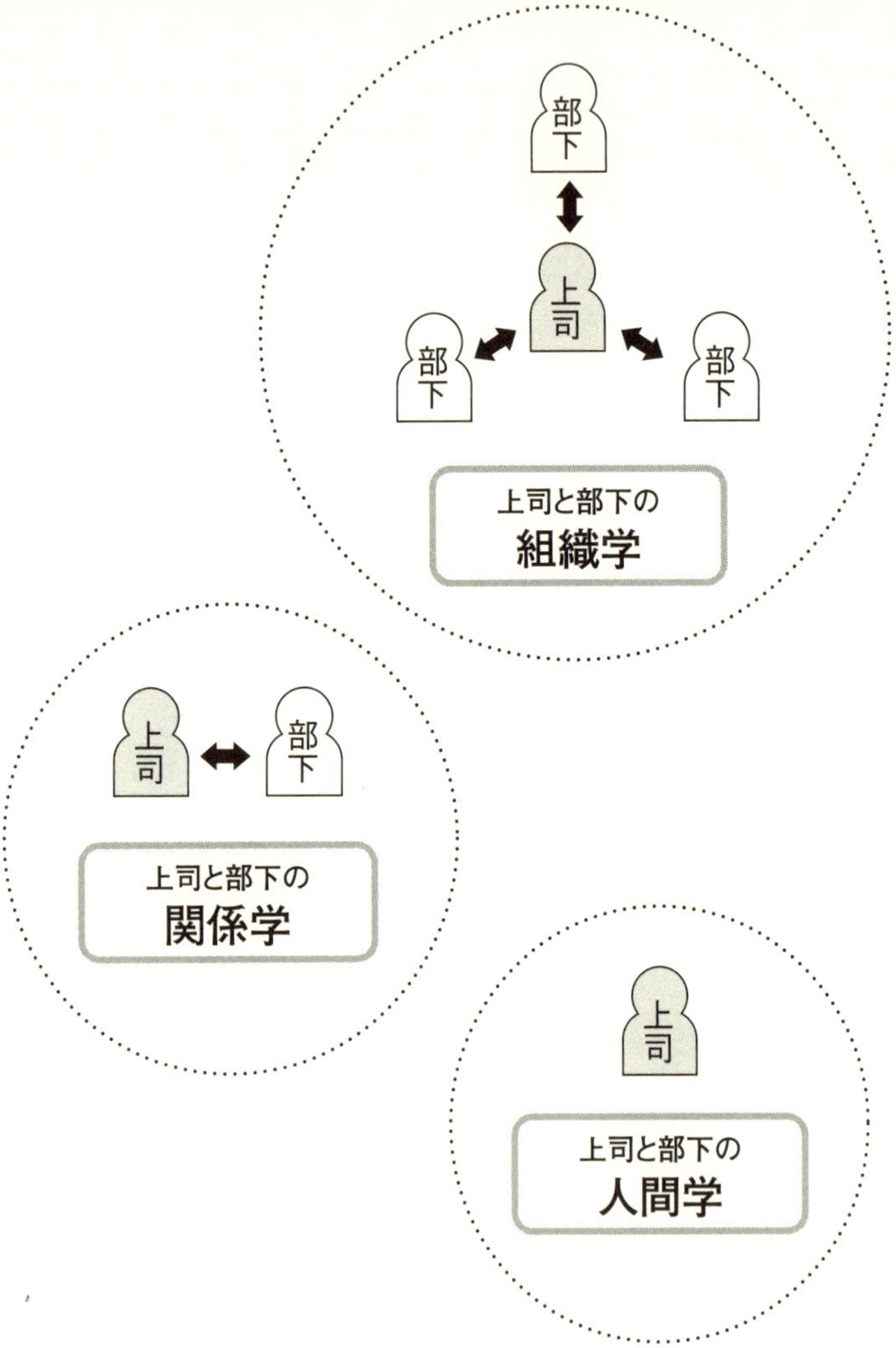

りです。上司は、常に一対一のコミュニケーションで、部門を運営していくわけではありません。自分が統括する組織全体を強化し、生産性の高い集団に作り上げなければならないのです。

この三つの段階を一本の木にたとえると、根っこの部分が上司自身であり、幹が部下との人間関係（コミュニケーション）で、枝葉が組織ということになります。

ベースとなる根っこが水や養分を吸収しなければ木は育たないし、幹を通して伝えることができなければ、決して枝葉が茂ることはないのです。

この水や養分こそが、**「よい言葉」**、**「よい思い込み」**、**「よい学び」**なのです。

十分な水や養分、それをしっかりと伝えられる幹、茂った枝葉という三者がバランスよく機能したとき、立派な木となり、ついには実がなるのです。

この実こそが、仕事における成果であり、結果なのです。

◉「上司学」はプラスの連鎖を生む社会貢献

さて、簡単に「上司学」について説明してきましたが、いまの時点で、「上司学とは会社が活性化するためのプログラムだろう」と思っている人は多いでしょう。

■会社は1本の木

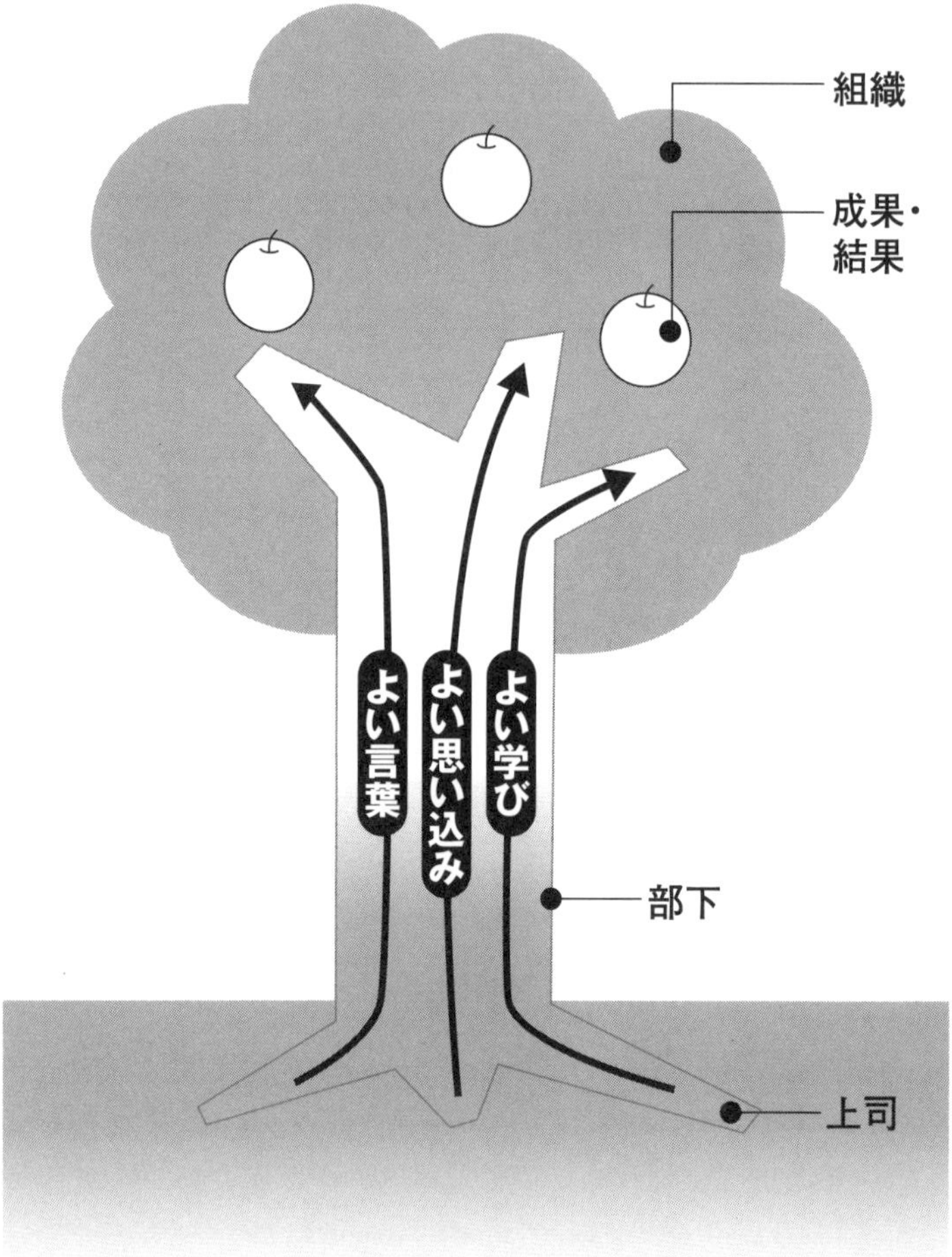

もちろんそれは正解です。ですが、「上司学」は会社のみならず、社会をも活性化させるものです。

それはこういうことです。「上司学」を学んだ魅力ある上司が、部下との有効な関係を築き、組織を強化します。そして、そのなかで何人かの優秀な部下を育成します。

やがてその部下は魅力ある上司になり、部下との有効な関係を築き、組織を強化して、新たな部下を育成していきます。

この一人の優秀な上司がいることによるプラスの連鎖サイクルによって、優秀な人材がねずみ算式に増え、その人材が次々と社会へと輩出されていくのです。

その点で、**上司学を学び、部下に伝えていくということは、優秀な人材を効率よく生み出す、最大の社会貢献**だと私は考えています。

ビジネスパーソンもひとたび家に帰れば、父であるという方、母であるという方も多いでしょう。

父親、母親が魅力的であれば、子どもたちは憧れを抱き、早く大人になりたい、そんなに面白いものなら早く仕事をしてみたいと思うようになります。輝く大人を身近に見ていれば、それだけ将来に希望をもつことでしょう。

「上司学」を学び、たくさんの優秀な人材を輩出していくことは、ビジネスシーンを飛び

■「上司学」は優秀な人材を生み出す社会貢献

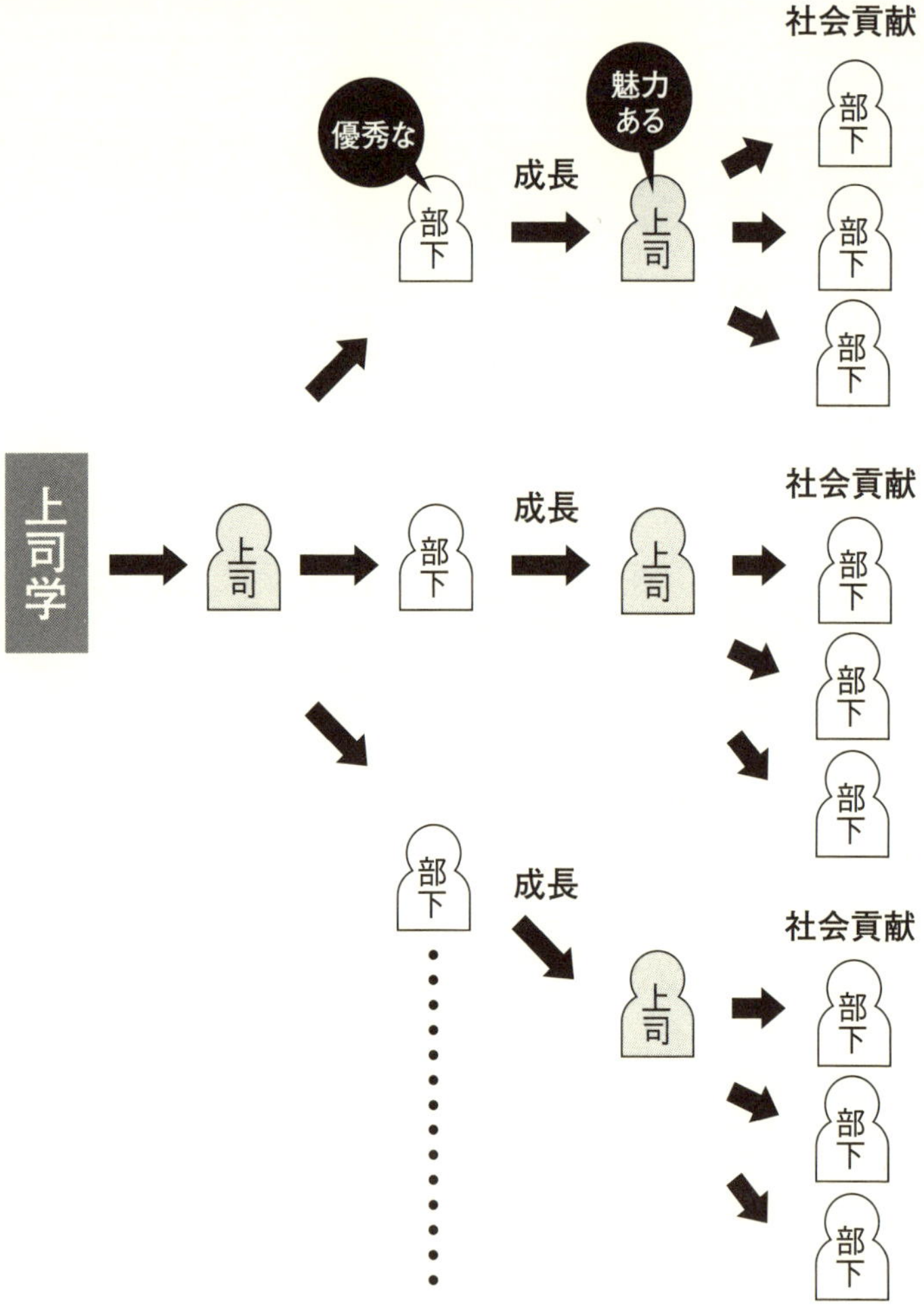

越え、各家庭、ひいては社会全体によい影響を与えるのです。

本書は、先述した上司学の三つのプログラムに沿って構成されています。

第1章、第2章は、「上司と部下の人間学」です。

ここではあなた自身が魅力的な上司になるためのエッセンスをお話しします。「反射の理」という言葉があるように、部下は上司を見て育ちます。部下を変えたいと思ったら、上司であるあなたがまず、「上司とはどうあるべきか」というものの見方・考え方を学び、さらにはそれを実践に移し、最高の上司になる必要があるのです。

第3章、第4章は、「上司と部下の関係学」です。

ここのテーマは「部下と最高の関係をつくる」ことにあります。

どんなに素晴らしい教えでも、相手が心を開かなければ伝わりません。部下を変えようとするのではなく、部下が自ら変わろうとしていくために、部下との関係を変える必要があります。そのためにはコミュニケーションスキルを学ぶ必要もあるでしょう。部下との効果的な対話による関係強化を図るのです。

第5章は、「上司と部下の組織学」です。

ここのテーマは、最高の組織をつくることにあります。

上司の最大のミッションは、「部下の目標を達成させてあげること」です。「最高の上司」が「部下との最高の関係」を築き、部下が自らの目標を達成することによって、組織の目標が達成されます。こうして部門の業績は上がっていくのです。

「上司学」を学ぶことで、あなたは、魅力的な上司になり、部下との最高の関係をつくり、そして組織を強化し、業績アップを図ることでしょう。

本書が、上司としての経験がまだ浅く、どう行動したらよいかわからないという方、部下との関係をどう構築したらよいかわからないと思っている方、あるいは上司としての経験はそれなりに積んでいるのに、上司としての自分に自信がもてず、リーダーとして力不足を感じ、組織力が発揮できずに悩んでいる方のお役に立てますなら、これ以上の喜びはありません。

二〇〇六年八月

嶋津良智

だから、部下がついてこない！ もくじ

第3章 できる上司の「コミュニケーション」のルール

第4章 できる上司の「部下育成」のルール

第5章 できる上司の「組織」のルール

装丁➡冨澤崇
題字➡静芳
編集協力➡橋本淳司／飯田哲也
ＤＴＰ➡ムーブ（武藤孝子）

第1章　できる上司の「思考」のルール

部下を動かそうと思うのは、大きな間違い

◉「人を動かそう」なんて考えるな！

「こういうやり方でやってほしいのに…」

「こうすればもっと業績が上がることはわかっているのに…」

こんなふうに思ってイライラし、ストレスをためこんではいませんか？

「部下が思うように動かない」

上司なら誰でも、この悩みをもっていることでしょう。

私もまったく同じ悩みをもっていました。会社を設立してしばらくしたころのことです。思うように業績を上げられず、「なぜ、部下は動かないんだ？」、「部下を動かすには何が必要なんだ？」、「部下を動かすコツはないのか？」などといつも考えていました。

そんなときのことです。あるセミナーに出席した私は、講師に向かって、自分の疑問を投げかけてみました。

「自分の部下がなかなか思うように動いてくれないとき、あなたはどうしているのですか？　何か秘訣のようなものがあれば教えていただきたいのですが」

すると、その講師は半分あきれたような顔をして、こう言い放ったのです。

「何をいっているんですか？　そもそも**人を動かそうと考えること自体チャンチャラおかしい**ですよ。上司というのは、部下が自ら動こうとする環境をつくることが大切なんです」

その言葉を聞いた瞬間、私は言葉を失いました。

金属バットで頭を「ガツン」と殴られたような衝撃を受けました。

それまでの私は、「どうやったら部下を意のままに動かせるだろうか？」ということばかり考えていたのですが、その考え方自体が間違っていたのです。

◉「だから、オレについてこい」は時代が違う

上司になる人は、少なからず能力や業績が認められて、そのポストを与えられているものです。

だからこそ、自分のやり方や考え方に自信をもっていて、自分が部下だったころに実践してきた方法を、そのままやればうまくいくと信じていることが多いのです。

その裏付けがあるからこそ、部下に対しても、「こうすれば間違いない。だから、こう動け」と思ってしまうのです。そして、部下がその通りに動かないと、「なぜ、自分の思うように動かないんだ！」と考えてしまう……。

でも、よく考えてみると、自分が部下時代に積極的に動いていたということと、目の前の部下が動かないということは、決定的に違うのです。

何が違うかわかりますか？

それは、**自らの選択によって、納得して行動しているかどうか**という違いです。

上司自身は、自らの選択によって、納得して行動し、自分なりのノウハウを構築していったはずです。「オレ流」とでもいいましょうか。

一方、部下はどうでしょう。自ら選択していますか？　納得していますか？

上司のやり方や考え方がどんなに正しくても、部下が納得して、自ら動こうとしなければ、意味がありません。そんな状態で部下を無理矢理に動かそうとしても、短期的にはうまくいくことがあっても、長続きはせず、望む結果はなかなか得られないのです。

部下を動かそうとするのは、自分が先頭に立って、ぐいぐい部下を引っ張っていこうとするタイプの上司に多いようです。

何を隠そう、私自身がそのタイプでした。部下に「オレ流」を強いていたのです。ですが、私は「人を動かそうと考えること自体チャンチャラおかしい」という言葉に金属バットで殴られたような衝撃を受けてから、マネジメントスタイルをガラリと変えました。自分が黒子になって、部下をバックアップしていくというスタイルへとシフトチェンジしたのです。

その効果は絶大でした。

「だまって俺のいうとおりにやれ」から、部下自身に目標をもたせるやり方にしたところ、部下は自分から動くようになり、次第に業績も上がっていったのです。

人は、命令されて動くよりも、自らの選択により納得して動いたほうが何倍ものパワーを発揮します。自ら考え、自ら判断して行動するとなれば、そのエネルギーは何十倍にも膨れあがります。それは、瞬間的に発揮するパワーでも、パワーの継続性においても同じです。大きな力を、長い時間出し続けることができるようになります。

部下に動いてほしい、あるいは部下に能力を最大限発揮してほしいと思うなら、部下を意のままに動かそうなどとは、決して思わないことです。

部下が自ら行動するようになるために、あなたができることは何ですか？

上司は、常にそのことを考えなければならないのです。

◉部下の「優先順位」を知っていますか？

そもそも、人はなぜ動くのでしょうか？

部下のなかには、仕事を一生懸命する人もいれば、あまり一生懸命やらず、遊びにばかり力を注いでいる人もいるでしょう。

その差は、価値観の違いによって起こります。優先順位のつけ方ともいえるでしょうか。つまり、遊びにばかり精を出している人は、仕事よりも遊びのほうが、優先順位が高いのです。

私の知り合いに、日本中のお神輿を担ぐことを趣味にしている人がいます。私も子どものころからお神輿を担ぐのが大好きでしたが、あるときを境にお神輿を担ぐのを止めてしまいました。

なぜ私はお神輿を担がなくなり、その人はいまでも担ぎ続けているのか。わかりますか？

そうです。その人のなかではお神輿を担ぐことの優先順位が高く、私のなかでは、御神

■優先順位は人によって違う

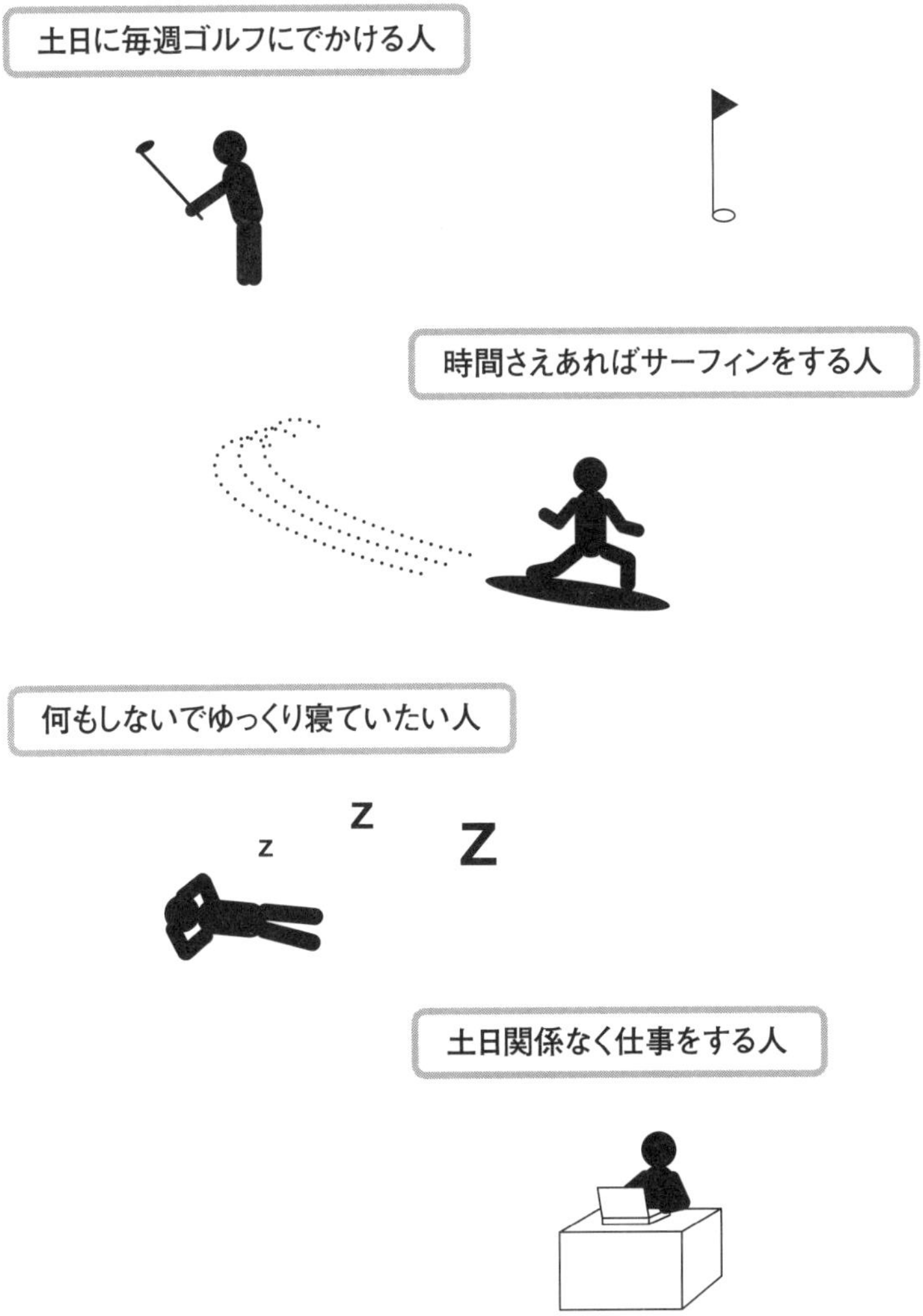
土日に毎週ゴルフにでかける人
時間さえあればサーフィンをする人
何もしないでゆっくり寝ていたい人
土日関係なく仕事をする人

興よりも仕事のほうが優先順位が高くなったのです。これはまさに価値観の違いによるものです。

土日になると毎週ゴルフにでかける人がいます。時間さえあればサーフィンをする人がいます。何もしないでゆっくり寝ていたいと思う人もいますし、土日関係なく仕事をする人もいます。これらはすべて優先順位の違いによって起きるのです。

また、優先順位は「いつも決まっている」、「固定されている」というものではなく、状況によって変化することもあります。

たとえば、自分の妻が病気で熱を出している場合、会社を休んで看病する人と、妻を置いて会社へいく人がいるでしょう。これも優先順位の違いです。

ですが、妻の看病より会社を優先する人でも、妻の病状が悪化し、歩くこともままならない状態になったら、会社を休んで病院に連れていこうと思うでしょう。

逆に、普段は妻の看病を優先する人でも、もしも上司に「明日の会議は君がいなければ始まらないよ」といわれ納得できたら、妻のことを気にしつつも出社するはずです。

このように優先順位は、時と場合によって変化しながら、人間の行動を決定づけているのです。

ですから、**部下に仕事をさせたいと思ったら、まずは部下のなかでの「仕事の優先順位」**

を上げなければならないのです。優先順位が低いままで、「もっと、しっかり働け」、「こんなふうに動いてみろ」といっても、部下は動かないのです。

できる上司は、「部下が動かない」と嘆く前に、「どうしたら仕事の優先順位を上げられるか」と考えています。

その第一歩として、私は、部下と腹を割って話をしていました。部下がどんなふうに考え、どのような優先順位で日々暮らしているのかを知ることから始めたのです。そういったコミュニケーションのなかから、なぜ仕事の優先順位が低いのかが見えてくることがあります。

職場の人間関係や仕事の内容に不満を感じているために、仕事へのモチベーションが下がり、優先順位もどんどん下がってしまったというケースもありました。それならば、職場の環境や仕事内容を改善してやることで、仕事のモチベーションが上がり、優先順位も上がっていくでしょう。

それもこれも、人を動かすという発想を捨て、どうしたら自ら動くようになるのかという考え方からスタートしているのです。部下が思うように動かないという悩みをもっている人は、発想の転換が必要でしょう。

Point　できる上司になるために❶

▼部下を自分の意のままに動かそうとするのは間違っている。
▼部下は自分が納得したときに初めて意欲的に行動する。上司は自分の方法を押しつけるのではなく、部下自身が納得した目標を立てられるようサポートする。
▼人は優先順位の高いものから行動に移す。上司は部下の仕事の優先順位が高くなるよう工夫をする。

部下の行動のカギを握るのは「目的」と「目標」

◉目的と目標の違いは、何ですか？

「あなたは目的と目標の違いがきちんと説明できますか？」

こうセミナーで問いかけると、受講者の方の多くがうつむいてしまいます。この本を読んでいるあなたはどうでしょう。わかりますか？

人の行動には、目的と目標という二つの要素が深く関係していますから、二つの違いをぜひ知っておいてください。

たとえば、「ボートに乗って、三日以内にある島へ到着しなくてはならない」としましょう。

押し寄せる荒波をなんとかしのぎ、懸命にオールを漕いで、もう少しで島へたどり着くというところで、突然の嵐に見舞われ、スタート地点まで戻されてしまいました。

さて、あなたはどう思いますか？　ほとんどの人が、「もう、こんなことやってられない」、「面倒くさいから、やめてしまおう」と思うのではありませんか？

そう思うのも当然です。なぜなら、この場合、目標はあっても、目的がないのです。**目的とは「何のために、なぜやるのか」という行動の理由であり、目標とは「いつまでに、何を、どうする」という手法のことです。**

つまり、この場合、「三日以内に島へ着く」という目標だけがあって、「何のために島へ向かうのか」という目的が欠けているのです。

では、こんな目的があったらどうでしょう。たとえば、「残虐な男に、妻や子どもが捕らえられていて、三日以内に島へいかないと殺されてしまう」。

「妻や子どもを救う」という目的が生まれ、「三日以内に島へたどり着く」という目標もあります。そうなると、たとえ嵐で押し戻されたとしても、最後まであきらめずに行動するでしょう。あなたはもう一度、ボートを漕ぎ出すはずです。

人は目的と目標が揃ったとき、初めて自主的に、かつねばり強く行動するようになります。

行動がなかなか起こせない部下を見つけたら、あれこれと注意する前に、その二つの要

■目的と目標の違い

目的	「何のために、なぜやるのか」 という行動の理由
目標	「いつまでに、何を、どうする」 という手法

素、目的と目標がきちんと揃っているかを確認してみましょう。

◉目標だけでは部下は動かない

職場には目標があふれています。

今月の売上目標一〇〇〇万円とか、契約件数二〇件など、非常に明確な目標が掲げられています。つまり、「いつまでに、何を、どうする」というテクニカルな話し合いは、頻繁に行なわれています。

それに比べて、「なんのために、なぜ」という目的の部分は、ないがしろにされていることが多いのです。

ひどいケースになると、部下が「何のために働いているのか」という部分で悩んでいるのに、「あと少しで、月間の目標件数に届くじゃないか」などと、目標の部分で励ましてしまう上司もいます。

目的を見失っている部下に対して、目標を提示しても、行動を引き出すことなんてできません。

◉目的は「心の導火線」

「嶋津さん、目的と目標はどちらが大切なんですか？」

こんな質問をよく受けます。私は迷わず「目的でしょう」と答えます。目的と目標はどちらも大切ですが、仕事をするうえでは、目的をもつことがはるかに重要です。

たとえば、ロケット花火を飛ばそうと思っても、ロケット花火だけでは飛びませんよね。導火線につける火が必要です。この火が目的なんです。**自分の心に火をつける目的があるからこそ、人は行動を起こし、徹底することができるのです。**

目的をはっきりさせて部下の頭のなかにしっかり落とし込むということは、一人ひとりの部下が、「がんばる理由」、「その仕事を実行する理由」をもつということです。

目的ができれば、「いつまでに、何を、どうする」という具体的な目標は、部下が自分で考えるようになります。会社や上司が目標を与え、行動するように働きかけなくても、部下が自ら考え、行動するようになるのです。

これが人間のパワーがもっとも強く引き出されるという理想的な状態です。

ある政治家の息子さんの話をしましょう。この人は、目的をもつことによって、行動ががらりと変わりました。

この人は大学卒業後、仕事には就かず、昼間から自室でゴロゴロしながらビールを飲んでいる、絵に描いたような「ぐうたら」でした。

ところが、ある日、テレビを観ていた彼は、「このままでは日本はダメになる。自分が政治家になって、日本を変える」という目的をもったのです。

そこから彼の行動は劇的に変わりました。彼は、次の選挙で当選するという目標を立て、さっそく翌日から、たすきをかけて、駅前の掃除を始めました。

もちろん突然そんなことを始めても、いままでがいままでだっただけに、近所の評判は、「あのバカ息子がおかしなことを始めた」、「偽善者ぶって日本を変えるとかいってるらしいけど、できるわけがない」など、冷たいものでした。

それでも、彼は近所の評判など気にしませんでした。日本を変えるという明確な目的をもち、それが信念となっていったのです。

半年以上、彼が毎日駅前の掃除を続けると、近所の評判も変わってきました。最初は、「あのバカ息子がおかしなことを始めた」だったのが、三か月後には、「まだ、続いているわね。意外とやるじゃない」、そして半年後には「あの人、立派よね」に変わったのです。

そして、その後の選挙で、彼は見事に当選を果たしたのです。

考えてみてください。

もし、あなたがこの人の立場だったら、彼のように行動し、徹底することができたでしょうか？　できないという人がほとんどなのではないでしょうか？

その理由は、「この国を変える」という目的が、あなた自身の心の底からわき上がってきた本当の目的ではないからです。

目的というのは、「こうしなきゃいけない、こうあるべきだ」という「あるべき論」ではダメなのです。自分が心から望むことを見極め、それを目的としなければ、価値ある行動は生まれないのです。

ぐうたら息子が選挙で当選した話は、目的をもつことで行動が劇的に変わった例ですが、目的、目標というのは、日常生活のちょっとした瞬間にも大きな影響を与えています。

ある日、私が渋谷駅から家へ帰ろうとのんびり歩いているとき、一人の女性がものすごい速さで歩いていきました。尋常でないスピードだったので、私はふと「彼女と自分では、なぜあんなにも歩く速度が違うのだろう?」と考えてしまいました。

この場合も、目的と目標に差があったのです。彼女は時計をちらちら見ていたので、おそらく誰かと会うという目的があり、何時までに目的地に着くという目標ももっていたのでしょう。彼女のように、**目的と目標が明確であれば、行動は明らかに違ってくる**のです。

日常生活でも、無意識のうちに目的や目標を設定し、行動していることが結構多いのです。

◉伏せたコップに水を注ぐな!

ですが仕事の場合は、「目標ははっきりしているが、目的がない」ということがよくあります。あなたの職場はいかがでしょう?

ある営業課長の話です。この人は、自分の課の成績がまったく上がらないことに悩んでいました。課には課の目標があり、彼も目的と目標をもっていました。目的と目標が明確なので、彼自身は積極的に行動することができたのですが、部下の動きがどうにも鈍いのです。

どうしてでしょう?　もうおわかりですね。部下が目的をもっていないからです。

課にははっきりとした目標があり、部下一人ひとりも目標をもっていました。しかし、目的はもっていませんでした。課長はこのことに気がつかず、目標を徹底させることで、部下を動かそうとしたため、お互いの溝は広がってしまったのです。

目的をもたない部下にどう接するかは、のちほど詳しくお話しますが、まずは、「目的と目標は違う」ということをわかってください。目的をもたない部下に、目標の話をするということは、伏せたコップに水を注ぐようなもので、まったく意味がないのです。

Point できる上司になるために❷

▼目的とは「なんのために、なぜやるのか」という行動の理由であり、目標とは「いつまでに、何を、どうするのか」という手法である。

▼自分の心の底からわき上がってくるものを、目的としなければならない。「あるべき論」では意味がない。

▼人は目的と目標が揃ったとき、初めて自主的に動き、かつねばり強く行動するようになる。部下の目的と目標がきちんと揃っているかを確認してみるべき。

イメージできない計画は、永久に達成できない

◉イメージできないものは決して手に入らない

なぜ計画を立てるのでしょう？　わかりますか？

計画が大事。そんなことは小学校でも教えていますし、誰もが知っていることでしょう。

たしかに、計画を立てることは大切です。

そもそも計画とは、最終的なゴールに向かって、その方法や手順を組み立てる作業です。

つまり、ゴールがイメージできて初めて、計画できるのです。

人はイメージできないものは、手に入れることができません。たとえば、月収三〇万円で、家賃六万円のアパートに住んでいる人が、引っ越しを考えたとしても、二億円のマンションに住むというイメージがもてるでしょうか？　まず無理ですよね。

都心の一等地にある二億円の新築マンションの広告が新聞に入っていたとしても、間違いなくゴミ箱行きです。

ですが月収三〇〇万円で、家賃六〇万円のところに住んでいる人なら、二億円のマンション広告に目が留まるでしょう。それは二億円のマンションに住むイメージをリアルにもつことができるからです。

こうしたイメージングは知らず知らずのうちに、いろんな場面で行なわれています。

洋服を買いにデパートへいったとき、気に入った服を見つけたら、すぐに自分がその服を着ているところをイメージするでしょう。そこで、「自分に似合うのではないか」というイメージができあがったら、試着しようというアクションが生まれます。

もちろん、実際に服を着てみて似合わなければ、買うというアクションにはつながらないのですが、最初の時点で「似合うかもしれない」というイメージがなければ、試着することもなかったでしょう。

◉リアルなイメージをもてばモチベーションが上がる

目的や目標を決めるにも、リアルなイメージが必要です。

部下に「**何のために仕事をするのか？**」と質問してみてください。「お金のため」とか、「生活のため」と答える人が多いことでしょう。

それも目的の一つではありますが、残念ながらリアルにイメージできるものではありません。「生活のため」というのは抽象的すぎて映像化するのが難しいのです。

それに私の経験では、生活のためだけに仕事をしている人が、高いモチベーションで、バリバリ仕事をしていることはほとんどありません。

もちろん、生活をするために仕事をするということ自体を否定するつもりはありません。働いて、お金を稼いで、生活を成り立たせるというのは人生の基本です。

ですが、生活のため以外に、「目的」をもつことによって、仕事に対するモチベーションは飛躍的にアップするのです。

あるとき、私は部下に「何のために仕事をしているの？」と聞いてみました。すると「生活のためっすかね…」。そこで、「何かほしいものはないの？」と質問を変えてみました。どんなものでもいいから、とにかくほしいものをいってみなよと彼にいいました。すると、彼は「ベンツに乗れたら最高ですね」と答えました。

翌日、私は彼を連れてヤナセのショールームにいき、ずらりと並んだベンツを間近に見せました。さらに試乗までさせ、ベンツを手に入れたときのイメージをできるだけリアルにもたせました。彼は、「嶋津さん、最高ですよ」といいながら、喜々としてベンツのCLクラスを運転していました。

翌日から、彼はそれまで以上のやる気をもって、仕事をするようになりました。ベンツを手に入れるというリアルなイメージをもつことによって、「目的」を明確にすることができたのです。

このようにはっきりとしたゴールをイメージすることは非常に大切です。ゴールがイメージできないままに仕事をするのは、ゴールのないマラソンのようなものです。

私は部活動をやっているときに、先輩から「俺がいいというまで走ってろ」といわれたことがありました。

ゴールがわからずに走るのはとてもきついことです。最初はなんとか頑張ることができても、そのうちに走ることが辛くなり、あきらめてしまいます。そのときはグラウンドを一〇周しましたが、「最初から一〇周走れといわれたほうが、ずいぶん楽だったんじゃないか」と後から思ったものです。

主体的で、継続的な行動をするためには、あらゆる計画を立てる前に、明確なゴールを確認し、リアルなイメージをもつことが必要です。

◉「真のゴール」から逆算して計画を立てる

明確なゴールがイメージできたら、そこへ到達するために何をすべきかを段階的に考えます。これが計画です。

先ほどのベンツの話なら、

「ベンツを手に入れたい」

↓ベンツを手に入れるためには、給料が上がらなければならない。

↓給料が上がるためには、現在の平社員ではなく、まずは主任にならなければならない。

↓主任になるためには、業績を上げて、認められなければならない。

↓業績を上げるとは、社内の売上目標を達成することだ。

↓売上目標を達成するためには、今月中に何をしなければならないのか。

↓今月中にすべきことをこなすためには、今日何をすべきなのか。


これが計画を立てる手順です。ポイントは、目的から逆算することです。

ところが、計画を立てるというと、今月の売上目標を達成するために何をすべきかとい

■ゴールから逆算して計画を立てる

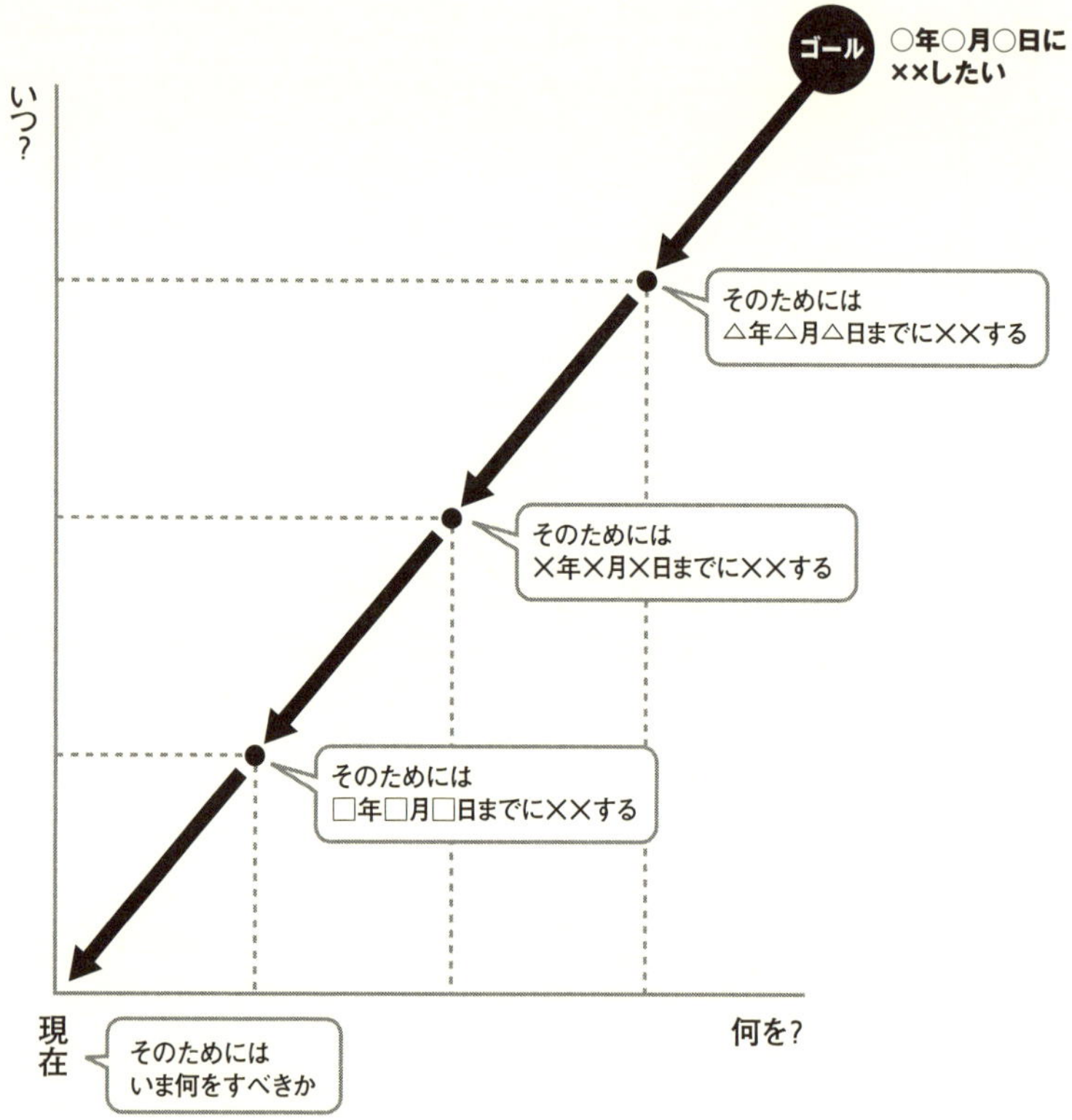

う、身近なところから考え始めてしまう人が多いようです。

今月の売上目標を達成することの意味、意義をしっかりとつかんでいない状態で、いますべきことの意味を噛みしめることができるでしょうか？　どうも難しいようです。計画の起点となるのは、やはり自らが求める真のゴールでなければならないでしょう。

◉「見えない未来」が不安を生む

イメージと計画はつながっています。

イメージができあがったら、それを達成するために計画を立てる「イメージ→計画」という流れがありますが、イメージと計画にはもう一つ違った関係があります。

それは、計画を立てることで、より強固なイメージが形成されていくという「計画→イメージ」という流れです。

「こうしたい」とか、「こうありたい」という目的や目標が設定されても、なかなか第一歩が踏み出せない人も多いでしょう。

最初の一歩が踏み出せないとき、人は大きな不安を感じるものです。あるいは、何か漠然とした不安のせいで、一歩目が踏み出せないでいるという状況もあるでしょう。

そもそも、**人は見えない未来に不安を抱く**ものです。

たとえば、みんなで高いビルの階段を昇ったとしましょう。最初の一〇分、二〇分くらいは、みんな黙々と階段を登ります。でもそのうちに、「いったいこんなことをやって何になるんだ」という不安な気持ちにかられて、やめてしまうのです。

ですが、「目的は階段を上って屋上のヘリポートからヘリコプターに乗って、ニューヨークへいくこと。階段は全部で一〇〇〇段あって、いま五〇〇段進んだ」とわかっていたら不安がなくなり、エネルギーは漏れません。

反対に、「これをやって何になるんだ」と不安な気持ちになると、常にエネルギー漏れを起こしてしまい、最後には投げ出してしまいます。投げ出すことで不安から逃れようとするわけです

遙か遠くに目的や目標が見えていたとしても、近未来の状況が見えなければ、目標に到達するまでの道筋が見えません。そのようなときも、不安が増えていきます。

不安を払拭するには、近くの未来を見通すしかないのです。そのために計画が必要になります。つまり、計画を立てるという行為は、近い未来を見通すための手段でもあるのです。

また、「自分にはできそうもないな」と思っていることでも、計画を立てることで、「こ

れなら、何とかなりそうだ」という思いに変わってくることもあります。

「自分にはできない」と感じていたものが、**計画を立て、近い未来を見据えることによって、イメージがリアルになり、可能性を信じることができるようになる**のです。

真のゴールから丁寧に逆算して、自分のすべきことが見えてくれば、不安は解消されます。

ゴールへと続く階段の一段一段がはっきりと見えていれば、目の前の一段を上ればいいんだということに気づくでしょう。また、その一段一段を丁寧に設定することによって、ゴールのイメージがさらにクリアになっていきます。

◉「方向」は変えるな、「方法」を変えよ

最終的なゴールのイメージと、いまの自分を結ぶもの。これが計画です。

ですが、もし最終的なゴールといまの自分を結びつけることができないなら、ときには計画を練り直す必要もあるでしょう。

「方向」を変えずに、「方法」を変えるのです。

たとえば、富士山に登る場合で考えてみましょうか。

富士山に登るという目標は同じでも、どこから登るかは自分次第です。いろいろな経路があります。麓から自分の足で登っていくこともできますし、途中まで車でいくこともできます。もし登頂するイメージがわかないとしたら、別の方法で登ることを計画して、新しいイメージをつくることも大切です。

そうやって何度チャレンジしても、とても目標に到達しないと思えるときは、やはり目標が高すぎるのかもしれません。たとえば、私がいまからイチロー選手のようなメジャーリーガーになりたいと思っても、最終的なゴールをイメージすることはできませんし、そこへたどり着くための計画を立てることもできません。

そのときには、目標を考え直す必要があります。

リアルなイメージと明確な計画がなければ、第一歩を踏み出すことはできません。肝心な一歩を踏み出すことができない目標をずっともっていても仕方がないし、そもそもそれは目標とは呼べないでしょう。

ただ、誤解しないでほしいのですが、**目標を変えるというのは、あくまでも最終手段**だということです。すぐにあきらめて、新しい目標に置き換えることが重要だといっているのではありません。一度決めた目標は、「絶対に達成する」という強い気持ちで、計画を立てるのです。

自分自身、あるいは部下の誰かが、不安に襲われて立ち止まっているとしたら、まず目的と目標を確認し、それがリアルにイメージできるのか、目標に到達するための計画はきちんと立てられているのかを確認してみましょう。

すべてがきれいに見えてくれれば、不安はなくなり、目の前の一歩を踏み出すことができます。もし、すべてを見通すことができないのであれば、何度でも計画を練り直して、目標に到達するために道筋を探すことから始めてみましょう。

◉計画を立てるときも「優先順位」を考える

計画する場面でも、「優先順位」は重要なキーワードとなります。

目標に向かって、やらなければならないことをただ並べただけでは、それは計画とは呼べません。

部下を見ていると、「あれもやらなきゃ、これもやらなきゃ」と右往左往している人がいます。やらなければならないことがたくさんあるのはわかります。

でも、最初にやらなければならないことは、いつも一つだけです。

エベレストに登るのと、筑波山に登るのとでは、準備するものも違えば、準備にかかる時間も違います。エベレストに登るのならば、筑波山とは比較にならないほどの準備が必要でしょう。

でも、エベレストに登るからといって、「あれもやらなきゃ、これもやらなきゃ」と混乱しているようでは、うまくいかないでしょう。目標達成までの道のりを順序立てて考え、何を最初にやるかを決めることが、有効な計画を立てるコツです。

つまり、計画を立てるという作業には、まず、「やらなければならないことを挙げる」、そして「それを整理し、順序よく並べる」という二つのフェーズがあるのです。

部下が立てている計画をチェックする場合、この二つのどこに問題があるのか、どこに躓いているのかという視点でチェックすると有効なアドバイスができるようになります。

やるべきことが多すぎて、混乱している部下に対して、「これも必要だろ」「あれを忘れているじゃないか」といったら、ますます混乱してしまいます。この部下は、やらなければならないことを列挙する段階で、すでにいっぱいいっぱいなのです。

こんな部下には、やるべきことを整理して、順序よく並べるようにアドバイスすべきでしょう。「この作業は、これが終わってからでも十分じゃないか」、「早めにやっておいたほうがいいのは、どれなのかを考えてみよう」という具合に、整理をする手助けをするのです。

そのためにもまず、上司であるあなた自身が「計画」というものをきちんと理解することです。**計画には、「やらなければならないことを挙げる」という側面と、「それを整理し、順序よく並べる」という二つの側面がある**ことを理解し、それに基づいて部下が立ち止まっているポイントを見つけるのです。

Point　できる上司になるために❸

▼計画とは、最終的なゴールに向かって、その方法や手順を組み立てる作業である。つまり、最初にゴールのイメージがあるからこそ、計画できるようになる。
▼明確なゴールがイメージできたら、そこへ到達するために何をすべきかを段階的に考える。
▼計画を立てることで、見えない未来からくる不安が払拭される。
▼最終的なゴールといまの自分を結びつけることができないならば、まずは方法（計画）を考え直す。それでもイメージできないならば、目標が高すぎる可能性がある。
▼計画には、やるべきことを挙げるという側面と、それを順序よく並べるという二つの側面がある。

「実行」のともなわない計画は、無意味である

◉計画だけでは成果は生まれない

私は、「行動が成果を変える」という言葉が好きです。

これは当たり前でありながら、意外と忘れてしまうことです。

この本では、これまで目的、目標の大切さ、イメージや計画の重要性をお話ししてきました。それらはすべて大切なものなのですが、最後に行動がともなわなければ、絶対に成果は変わりません。

私は若いベンチャー経営者から相談を受けることがあります。

そういった人たちを見ていると、頭の回転も速いし、ビジネス構築力も非常に優れています。新しいビジネスを立ち上げて、五年以内に上場を目指すという社長から、事業計画

書を見せてもらったことがあるのですが、その完成度といったら目玉が飛び出るほどすばらしいものでした。

その人は、「どうです。嶋津さん、完璧でしょう」と誇らしげでしたが、話をよくよく聞いていると、完璧な計画書をつくったことで、すでに成功したような気になっているようなのです。だとしたら、これはたいへんな勘違いです。

「行動が成果を変える」ということを忘れてはいけません。

この本を読んでいる人のなかには、「行動が成果を変えるなんて、当然じゃないか」と思っている人も多いでしょう。

ですが、仕事の現場では、「行動が成果を変える」ということが、ほとんど忘れられているのです。

◉驚くほど少ない戦略の実行率

最近、興味深い統計資料を見ました。ある雑誌に掲載されていたのですが、会社における戦略の実行率は、わずか一〇パーセントだというのです。私は驚いてしまいました。

「これをやろう」と一〇のことを決めたとしても、一つしか実行されないということです。

誰だって、やろうと決めたことを一〇〇パーセント完璧に実行しているわけではないでしょう。ですが、「七割くらいは実行しているんじゃないか」とか、「少なくとも半分くらいは実践しているはずだ」と思っているのではないですか？

でも、実感値と現実は違うものです。この機会に、自分自身のこと、自分が統括する部門全体のことを考え直してみてください。

各会社、各部門には、必ず戦略があるでしょう。戦略の善し悪しは別にして、戦略をまったくもたない会社はないはずです。

しかし、それを実行したかどうかは……意外と管理されていないのではありませんか？業績が悪いと、戦略会議を開いて、「以前のやり方はまずかった」、「今度はこうしよう」などと、活発に議論します。

ですが以前の戦略も、徹底的に実行して、初めてその善し悪しが判断できるのです。たいして実行されていないのに、方法論ばかりを議論しても意味がないでしょう。そんな議論をいくら繰り返しても、行動がともなわなければ成果が変わるわけがないのです。

◉行動は徹底してこそ意味がある

さらに、行動というものは徹底してこそ意味があるのです。行動が成果を変えるといっても、ちょっと行動したらすぐに成果が変わるというほど単純なものではありません。温泉が出るという噂の場所へいって、穴を掘り始めた（行動した）からといって、すぐに温泉が出てくるはずはないでしょう。

「ここを掘る」と決めて、徹底的に掘り進んだからこそ、温泉が湧き出てくるのです。現実問題として、「いま掘っている穴からは温泉が出ない」という見極めをして、別の穴を掘らなければならないこともあるかもしれません。

でも、その判断ができるのは、徹底的にやったあとのことです。見極めは大切ですが、その前に徹底があるのです。そのことを常に意識してほしいのです。

最近、私は、**「実行度、実行率を上げ、徹底することこそ、競合他社との差別化を図る一番のコツ**なのではないだろうか」とよく思うのです。

画期的な新商品を開発したり、斬新なビジネスモデルを構築するといったことだけが他社との差別化だと思われがちですが、実行率一〇パーセントという現実を突きつけられると、実行率を上げ、徹底すること自体が最大の差別化ではないかと思うのです。

◉部下の行動を把握していないなんてナンセンス

しっかりと戦略を練り、有効な計画を立てることはもちろん大切です。ですが、実行すると決めたことは、きちんと行動に移すのだと肝に銘じておかなければ、せっかくの戦略もムダになってしまいます。

上司としては、部下がどれくらい行動しているのかを把握し、管理しなければ、成果を変えることができないし、部下の取った行動が正しいのかどうかの判断もつかないでしょう。

業績の上がらない部下を呼び出し、現状と改善策を聞くという場面はたくさんあるでしょうが、そのなかで実際の行動についての話をしていなければ、あまり意味がないのです。現状と改善策が成果を変えるのではなく、行動と徹底が成果を変えるのです。**成果を変える最も大切なファクターを素通りして、成果を変えようというのは、ナンセンスな話か**もしれません。

部下の行動を管理するプログラムは164ページで紹介するので、ぜひ実践してみてください。

◉学ぶだけで満足してはいけない

上司でも部下でも勉強熱心なことはいいことです。ビジネス関連に限らず、いろいろな本を読んで知識を蓄えたり、セミナーに参加したりして、自らのスキルアップに役立てるのは大切なことです。あっ、そうか！　この本を読んでいる時点で、あなたはとても勉強熱心なタイプですよね。失礼しました。

でも、忘れないでほしいのです。ここでも、「行動が成果を変える」なのです。一冊の本を読み切ったとか、多くのセミナーに参加して、さまざまなノウハウを知っただけでは、ビジネスの現場は変わりません。反対に、一冊の本を数ページ読んだだけでも、「なるほど、これは使える」と感じたことを実行し、徹底することで、現場は変わります。

誤解しないでほしいのですが、私は勉強することが無意味だといっているのではありません。むしろ、私は多くのビジネスマンにはもっと勉強が必要だと感じています。新聞に目をとおしたり、経済ニュースで世の中の動きを知ったり、本やセミナーで優れたノウハウや考え方を知ることはとても大切です。その一つひとつが個人の可能性をすばらしいものにすると信じています。

だからこそ、そこで終わりにしないで、**新しいことを知ったら一つでも現場で実行し、**

徹底してもらいたいのです。

勉強は、より効果的な行動を選択するための材料です。質のよい材料によって、価値ある選択ができたなら、それを実行に移していきます。そうすれば必ず成果が変わっていきます。さあ、行動してください！

Point できる上司になるために❹

▼行動を変え、徹底することが成果を変えるという大原則を、いかなるときも忘れてはならない。

▼実行率を上げ、徹底することで、競合他社との差別化が図れる。

▼勉強すること自体が目的ではない。そのなかから、一つでも実行し、徹底して、成果を変えることが大切なのだ。

⇩ 人生最大のリスクはチャレンジしないこと

◉人生は「下りのエスカレーター」

新しいことにチャレンジするのは、とても勇気のいることですよね。

そのチャレンジが失敗に終わるくらいなら、何もせずに現状のままのほうがいいんじゃないか、と考えてしまうこともあるでしょう。歩き出さなければ、つまずく心配もないというのも一つの真実です。

ですが、「守られた水は腐る」という言葉があるように、物事には賞味期限があり、人間にも賞味期限があります。

まして、現代のように急速に進化している時代では、現状維持で満足していると、人の能力はたちまち陳腐化してしまいます。人の能力が陳腐化すれば、その部門、その会社は劣化してしまうでしょう。

私は、「人生も経営も下りのエスカレーターを駆け上っているようなものだ」と思っています。歩みを止めた瞬間から、どんどん下降してしまうのです。

だからこそ、**本当に恐れなければならないのは、何かにトライして失敗するリスクよりも、チャレンジしないリスク**なのです。もちろん、初めてトライすることなら、誰だって「失敗したらいやだなあ」と思うでしょう。

でも、そこで立ち止まっていては、何も変わりません。変わらないどころか、現状維持によって自分自身が陳腐化し、時代に取り残される危険性もあります。

本田技研工業株式会社の創始者である本田宗一郎氏が、「成功とは、九九パーセントの失敗に支えられた一パーセントである」とおっしゃっているように、チャレンジのほとんどが失敗に終わることはめずらしくはないでしょう。

ですが、失敗すること自体は悪いことではありません。

失敗から何かを学ぶことができれば、それはもはや失敗とはいえないでしょう。一つのチャレンジが失敗に終わっても、それが教えとなり、次にはよりよいチャレンジをすることができるはずです。

人は失敗したときにこそ、他人の意見に素直に耳を傾け、自分のやり方、考え方を変えるきっかけをつかめるのです。

◉「チェンジ」と「チャンス」は紙一重

チャレンジとは、いまあるものを捨てることでもあります。

将棋の米長邦雄元名人は、「捨てる」という意味でも名人でした。

彼は名人戦に六度挑戦したのですが、すべて失敗。実力がありながらも、名人位には恵まれません。

七度目の名人戦挑戦に際し、米長氏は若手棋士に弟子入りして、それまで自分が築き上げてきた戦法を見直すとともに、最先端の将棋戦法を学び直しました。その結果、五〇歳を目前にして初めて名人位を獲得したのです。

この例に限らず、自分の生活スタイル、管轄している部署のやり方、会社の方針など、あらゆるケースでチャレンジは変化を呼ぶものです。新しい何かを取り入れるということは、同時にこれまでのやり方を捨てることでもあります。

ところが、現状のやり方である程度うまくいったという実績があると、それを変えるには大きな勇気が必要ですよね。

■「CHANGE」と「CHANCE」

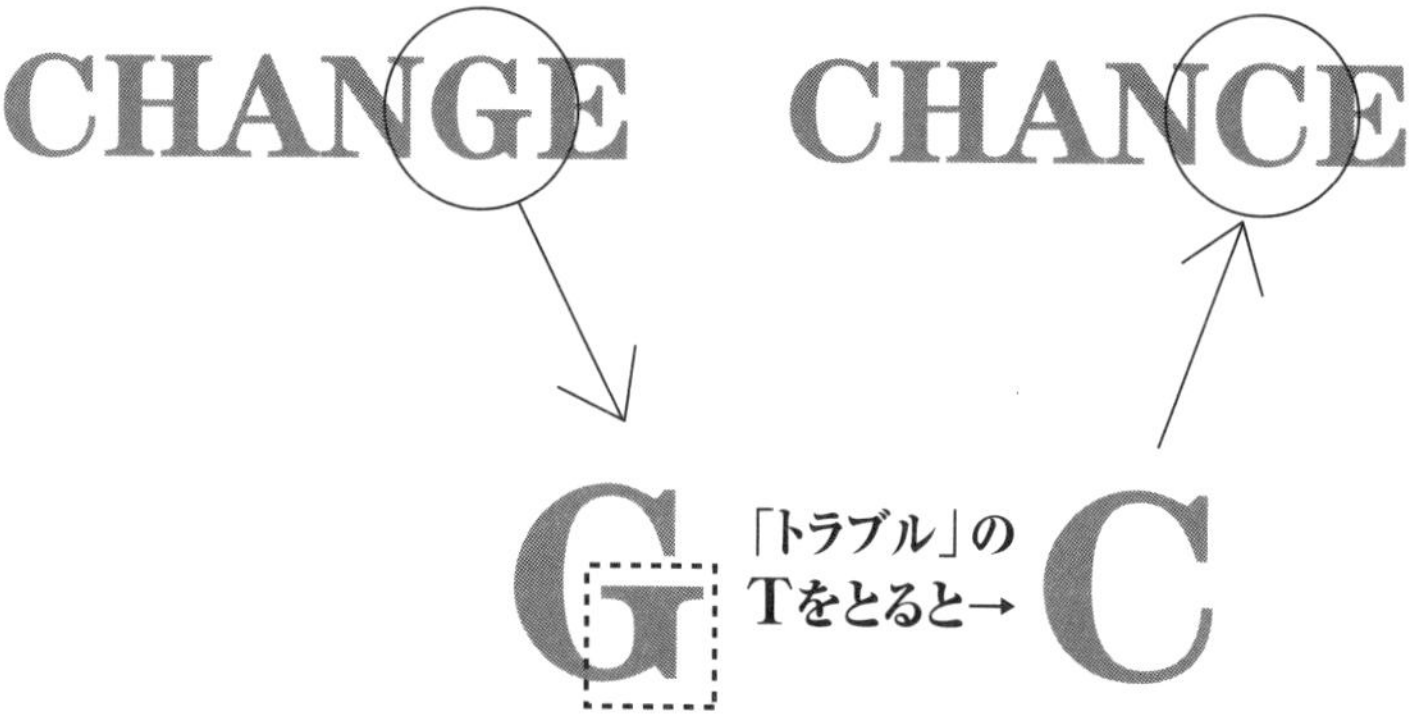

でも、「変化を恐れていては、チャンスも決して訪れない」と私は自分に言い聞かせています。

変化とチャンスを英語で書いてみると、「CHANGE」と「CHANCE」。何か気づきましたか？

そうです！　この二つの単語はGとCの違いしかないのです。そして、GとCの違いは、Tがあるかないかの違いでもあります。

じつは、このTは「トラブル」のTなのです。変化にはトラブルがつきものなのです。

いまあるものを捨て、新たなチャレンジをしようとするときには、問題、異論、反論、苦労、苦痛、不安、不満、恐れなど、じつにたくさんのトラブルが起こってきます。

だからといって、トラブルから逃げていて

は、チャンスをつかむことはできません。発生したトラブルをしっかりと受け止め、それを取り除くための策を考えることが大切です。

そもそも、人生って思い通りにいかないことの連続じゃないですか。

ゴルフだって、打つたびにトラブルです。バンカーに入るかもしれないし、池にはまるかもしれません。でも、そうしたトラブルを克服していくことが、ゴルフというゲームの本質のような気がします。

それはきっとビジネスでも同じなのでしょう。思い通りにいかないこと、起こってくる多くの矛盾をマネジメントすることこそ、本質なのでしょう。

変化を恐れ、トラブルを避けていては、チャンスはやってきません。勇気を出して、チャレンジすることで、「CHANGE（チェンジ）」するのです。そこにはトラブルのTが含まれているのですが、そのトラブルに立ち向かい、取り除くことができたとき、初めて「CHANCE（チャンス）」が訪れるのです。

◉行動に「待った」をかけるのは自分自身

チャレンジに「待った」をかける理由として、無意識のうちに「できない」と思い込んでいることがあります。本人はまったく気づいていないのですが、心の奥底で無意識に「できない」と思って、ブレーキをかけてしまうのです。

じつは、このブレーキは人間なら誰もがもっている「内制止」というものです。行動する前にブレーキをかけ、危険なことを犯さなくなり、安全圏にとどまろうとするのです。ですが、この無意識のブレーキ（内制止）によって、本当はできるはずのことが、できなくなることがあるのです。

こんな話を聞いたことがあります。ある重量挙げの選手は、二〇〇キロのバーベルを持ち上げることはできるのに、どうしても二〇一キロは上げられないという、「壁」にぶち当たっていました。

能力的には二〇一キロを持ち上げる力は十分にあるはずなのに、何度チャレンジしても二〇一キロが上がりません。

じつは、「二〇一キロは持ち上がらない」と無意識のうちに思い込んでいたので、体が自然にブレーキをかけてしまっていたのです。

そこであるとき、この選手のコーチが、「ここに二〇〇キロと二〇一キロのバーベルがあるから、続けてトライしてみろ」といって、選手にやらせてみました。すると、やっぱり二〇〇キロは上がったのですが、二〇一キロは上がらなかった……いえ、そうではありません。

じつは、コーチが「二〇〇キロだ」といったほうが二〇一キロのバーベルで、「二〇一キロだ」といったほうが二〇〇キロのバーベルだったのです。

つまり、この選手は二〇一キロのバーベルは上げられたのに、二〇〇キロを上げることはできなかったのです。

この例は、人間がいかに思い込みに支配されているかを伝えてくれています。もっといえば、**「できる」と思っていることはできるが、潜在的にでも「できない」と思っていることは、できない**のです。

だからこそ、物事をポジティブに考え、常に「できる」という意識をもって、チャレンジすることが大切なのです。ある意味、意識的に自分に勘違いを起こさせるのです。

そうはいっても、「現実的には、ポジティブになんて考えられないんだよ…」と思う人も多いでしょう。

そんな人は、まずは目の前にある「自分にもできそうだな」と思えることから、トライしてください。それは、どんなに低いハードルでもいいのです。毎日、家に帰ったら履物をそろえるとか、会社の机の上を片付けて帰るとか、ちょっとしたことを「できる」と思って、チャレンジすることが大切です。

◉やらないより、やったほうが絶対にいい

何かの選択を迫られたとき、私はいつも「**やらないより、やったほうがいいよな**」とつぶやきます。これは私自身を行動させるための、魔法の言葉です。自分で自分に魔法をかけるのです。

面倒くさいと思ったときも、「やらないより、やったほうがいいよな」、ある場所へいくかいかないかで迷ったときも、「いかないより、いったほうがいいよな」、人に対して照れくさいキザな言葉でも「いわないより、いったほうがいいよな」とつぶやくのです。

人は、「何かをした記憶」よりも、「何かをしなかった記憶」のほうが残ります。それも圧倒的に強く残ります。あなたの過去を振り返ってみてください。どうです？　「あのとき○○しておけば…」という思いがみつかりませんか？

私にもそんな苦い経験があるのです。

中学時代、私はとても好きな女の子に告白したいと思っていました。何度かチャレンジしようと思ったのですが、どうしてもだめで、結局告白できずに中学を卒業してしまいました。それだけでも悔やまれるのですが、この話には続きがあります。

数年後、偶然会った中学時代の友人から、自分が好きだった女の子もじつは私に好意を

抱いていたと知らされたのです。

青春時代の淡い思い出とはいえ、「あのとき、なぜ勇気をもって告白しなかったんだ」という思いがいまでも強く残っています。

どんなことであれ、**後々まで引きずるような後悔をするくらいなら、一歩踏み出す勇気をもってチャレンジすべき**でしょう。それを思い出させてくれる魔法の言葉が、「やらないより、やったほうがいいよな」なのです。

そして、「やらないより、やったほうがいいよな」という魔法の言葉には、もう一つ続きがあります。

それは、**「どうせやるなら…」**です。

「どうせやるなら、ちゃんとやろう」、「どうせやるなら、ちゃんと結果を出そう」、「どうせやるなら、ベストを尽くそう」。私はそうつぶやきます。

「やらないより、やったほうがいいよな」で行動を起こし、「どうせやるなら…」で徹底的にやるのです。

◉微差・僅差でも結果は一八〇度違う

考えてみると、日常生活は小さな選択にあふれています。「仕事のやり方を変えたほうがいいかな」とか、「近くまで来たから取引先に顔を出してみようかな」など数え上げればキリがないでしょう。

人はちょっとした選択に迫られたとき、案外「どうせやっても、やらなくても同じだよ」と考えてしまいがちです。

でも、そういったときにこそ、「やらないより、やったほうがいいよな」という言葉をつぶやいてみてください。

競馬の勝敗に、「鼻差」というものがあります。鼻の分だけでも先にゴールした馬が勝者であり、鼻の分だけ遅れた馬が敗者なのです。わずか数センチの差が、馬券をただの紙切れにしたり、万馬券に変えたりもします。

これは仕事や人生も同じだなと私は思うのです。**ちょっとした努力や頑張りが思いも寄らない差を生むことがある**のです。

行動する前から、「やっても、やらなくても同じ」というのは、やらないための理由づけに過ぎないんじゃないですか? 同じかどうかは、やってみなければわからないでしょ

■微差・僅差の法則

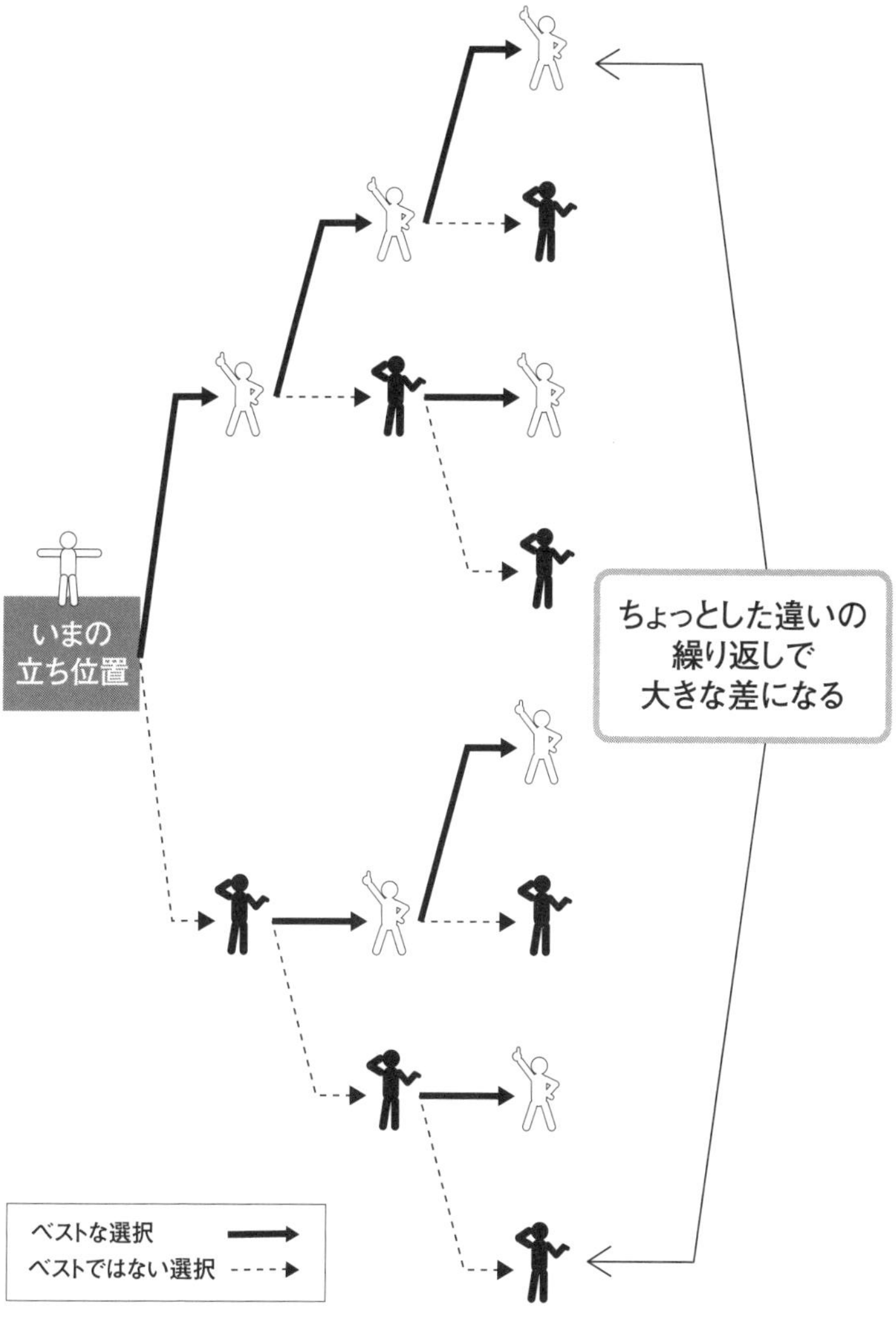
いまの
立ち位置
ちょっとした違いの
繰り返しで
大きな差になる
ベストな選択
ベストではない選択

う。やってみた結果、大きな差を生まなかったとしても、決してそれはムダではないのです。

ちょっとしたことでも、やってみるのは一つのチャレンジです。小さなチャレンジの一つひとつは、たしかに微差、僅差かもしれません。

ですが、微差、僅差を積み重ねることによって、大きな差を生むことになりますし、小さなことでもやってみるという考え方をもっていれば、大きなチャンスが巡ってくる可能性もあるでしょう。

チャレンジというと、「大きなものにトライしなくては」という印象をもつかもしれませんが、必ずしも大きなトライは必要ないのです。

むしろ、日常生活のなかでは、小さなチャレンジのほうが登場する機会が多いですよね。小さなチャレンジの一つひとつを「するか」、「しないか」。最初はたいした差は生まないでしょう。でも、それを繰り返し、積み重ねていくことで、最終的には大きな差が出てくるものです。

これが成功する人と、そうでない人の差、ということになるのです。

Point　できる上司になるために❺

- ▼現状維持では、人は陳腐化してしまう。
- ▼恐れなければならないのは、何かをして失敗するリスクよりも、チャレンジしないリスク。失敗すること自体は悪いことではない。
- ▼失敗から何かを学ぶことができれば、それは失敗ではない。
- ▼「できない」という無意識の思い込みによって、チャレンジが妨げられることもある。
- ▼目の前にあるできることから、一歩踏み出してみる。
- ▼微差・僅差の法則により、小さなチャレンジの積み重ねが大きな差を生む。

電車が遅れたのは、じつはあなたの責任だ

◉人生は飽くなき選択の繰り返し

人は日常生活のなかで、何百、何千、何万という選択を繰り返しています。意識的な選択、無意識な選択の両方を合わせれば、生活はすべて選択の繰り返しです。

朝、歯を磨くのも、昼食をサンドイッチで済ますのも、すべて選択の結果です。いま、この本を読んでいるのもあなたの選択の結果ですし、この本を喫茶店で読んでいるのか、電車のなかか、ベッドの上か、すべては選択した結果として行動しているのです。

では、その選択は誰がしているのでしょうか？

「そんなの自分に決まってるじゃん！」。そう、おっしゃるとおりです。電車のなかで読んでいる本を閉じて、家に帰ってからソファに座って読もうと思ったからこそ、いま、あ

なたはソファでこの本を読んでいるのですね。

じつに当たり前のことですが、**人生とは選択の繰り返しであり、その選択は自分自身が行なっているのです。**

◉すべてを選んでいるのは自分自身

ですが、「選択するのは自分だ」ということを、人はよく忘れてしまうようです。

たとえば、趣味の悪い居酒屋に、彼女に無理矢理連れてこられたとしましょう。そうすると、「なんだよ、こんなつまらない店に連れてきやがって」なんて思ってしまいます。

しかし、これは誰の選択でしょうか。その居酒屋へいこうと言い出したのは、たしかに彼女かもしれません。でも、たとえ「無理矢理」だったとしても、最終的に自分がその店にやってきたのなら、それは自分の選択ではないでしょうか。

ネクタイとワイシャツを毎日奥さんに選んでもらっている人でも、「奥さんに選んでもらう」、「自分では選ばない」という選択を自分でしているのです。

ちょっと極端な例ですが、車両故障で電車が遅れ、会社に遅刻してしまったとしたらどうでしょうか？

たしかに、車両故障を起こした責任は鉄道会社にあるでしょう。でも、その電車が遅れないだろうと勝手に決めつけて、乗車したのはあなた自身ではないですか。

美容室で気に入らない髪型にされてしまった場合はどうでしょうか。

その髪型にしようと決めたのは、美容師さんのようにも思えます。でも、その美容室にいくと決めたのはあなた自身ですし、変な髪型になってしまったのも、突き詰めれば自分の選択による結果です。

生活していれば、毎日、他者と関わります。家族、同僚、上司、部下などはもちろん、赤の他人とも関わります。何かを選択をする場合、そうした人たちの影響を受けていることはたしかです。

でも、絶対に忘れてはいけないのは、最終的には自分が選択したということです。

電車が遅れたとき、美容室で気に入らない髪型にされてしまったときなどは、他人のせいにしたくなるでしょう。

しかし、それさえも自分の選択であり、最終的な責任は常に自分にあるという、**「自己責任」**の意識をもつことが大切なのです。

◉「自己責任」によって得られる効果とは？

「自己責任」という意識を徹底すると、**当事者意識**が芽生えてきます。

どんな問題でも、突き詰めれば自分の責任なのだから、「これはオレの問題じゃないから、いいや」といって知らん顔をするわけにはいかなくなります。

実際に仕事をしていると、一つの案件に対して、いくつかの部署が関わっているなんてケースがよくあります。

その場合、「それは、アンタの部署の問題でしょ」、「いやいや、そちらが言い出したことでしょう…」と責任の所在があいまいになることもあります。あるいは、「この部分だけは、うちの部署の責任だから、ここだけはしっかりやっとこう」というセクショナリズム（セクト主義）が生じることもあるでしょう。

ですが、どんな部分でも、トータルで自己責任であるという考えをもっていれば、つまらない縄張り意識を超えたところで仕事ができるようになります。

この考え方は上司であれ、部下であれ、とても大切なことです。

もし上司の自己責任意識が低く、ばりばりのセクショナリズムを押し出していたら、部下たちも同じような思考で考えるようになってしまいます。そうならないためにも、上司が率先して自己責任を意識し、当事者意識をもって仕事をすることが大切なのです。

◉すべての出来事には何の意味もない

誰にだって、一つや二つ悩みがあるでしょう。でも、悩むと決めているのは誰ですか？　もちろん自分です。たとえ無意識であっても、感情というものを、自分で選択しているのです。

よく飲み屋などで、「今日、仕事で嫌なことがあってさぁ…」とか、「むかつく取引先がいてさぁ…」などと話している人がいます。

でも、もう少しきちんと考えると、仕事で嫌なことがあったのではなく、仕事である出来事があって、それを自分は嫌だと思っているのです。取引先の行為に対して、自分がむかついているのです。

じつは、世の中で起こっている出来事が喜ばしいことなのか、嫌なことなのかはすべて自分が選択しているのです。自分を支配しているのは、出来事そのものではなく、その受け止め方です。もともとの出来事には何の意味もなく、出来事に意味をつけているのは自分自身なのです。

■出来事と感情の関係

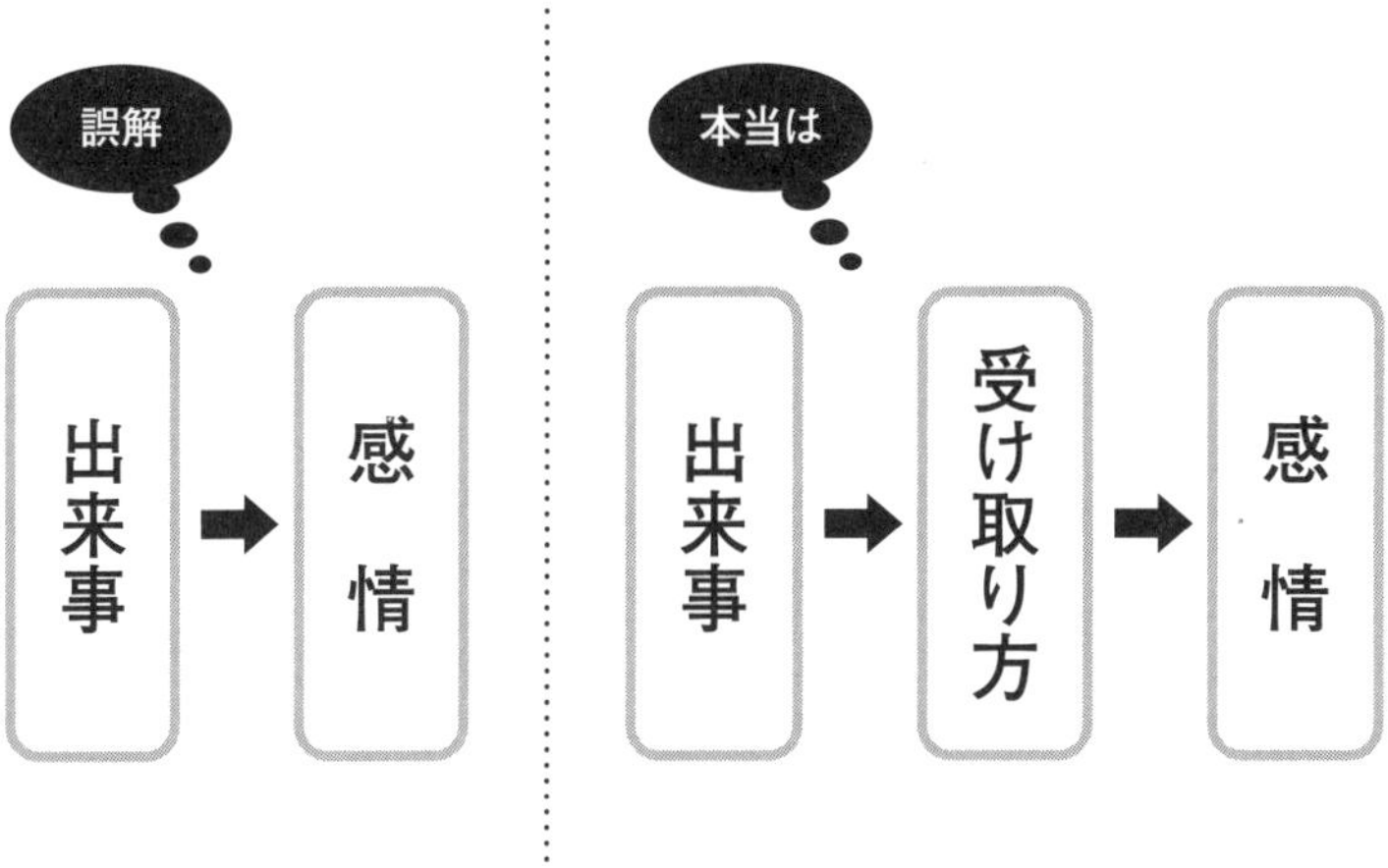

事実は常に一つであり、それをどうとらえるかは、人間の受け取り方が決めています。

そして、その受け取り方が感情を決めているのです。

「やらされる仕事よりも、自らやる仕事をすべき」という言葉があります。

ですが、究極的にはやらされる仕事など存在しないのです。ある仕事に対して、それを「やらされている」と感じているか、「自らやっている」と思っているかの違いでしかありません。

そして、「やらされている」と感じている仕事であっても、やると決めているのは自分自身なのです。要するに、自らやっているのです。

そんなに嫌な仕事なら、辞めてしまえばい

い。そんなふうにいうと、「そう簡単に辞められるわけないじゃないか！」と反論する人も多いかもしれません。たしかに、家族を養うためなどの理由で、いまの会社を簡単に辞められないというのはわかります。

では、家族を養うと決めたのは誰ですか？

Point できる上司になるために❻

▼人生とは選択の繰り返しであり、その選択は自分自身が行なっている。最終的な責任は常に自分にあるという意識をもつことが大事。
▼直接的には他人、部下などが起こした問題でも、突き詰めれば自分の判断であり、自分の責任である。
▼自己責任の意識をもつことによって、当事者意識が芽生える。
▼出来事には何の意味もない。意味をつけているのは自分自身。

第2章　できる上司の「仕事」のルール

仕事をするなんて、上司じゃない！

◉上司の「究極の仕事」とは？

上司の究極の仕事は、自分の仕事をなくすことです。

自分の仕事を減らして楽してハッピー、という意味ではありません。上司であるからには、部下にでもできるような仕事をしているようではダメだ、ということです。

そもそも上司は、部下よりも給料が高いのです。そんな高給取りが、給料の安い部下と同じ仕事をしているようでは、上司である意味がありませんよね。つまり、上司は上司にしかできない仕事をするからこそ、部下と違うポジションにいるのです。

そして、自分にしかできない仕事をするためには、部下にできる仕事はどんどん部下に任せればよいのです。

ですが世の中には、なんでも自分でやらなければ気が済まないという上司が多いようです。また、なんでも知っていなければ気が済まないというタイプもゴロゴロいます。

私が会社を経営しているとき、このタイプの上司に「なぜ部下に仕事を任せないの？」と聞いたことがあります。

すると、「自分でやったほうが楽なんですよ」、「教えるのが面倒くさいんでねえ」、「自分でやったほうが早いんです」、「部下に任せるのはちょっと心配なので…」という答えが返ってきました。こうしたことはすべて真実でしょう。能力が認められて上司になった人なら、同じ仕事を部下よりも早く、正確にやれるはずです。

でも、上司としての重大な役目を果たせていないことにも気づいてほしいです。それは、「部下を育てる」という、上司にとっていちばん大事な仕事です。自分でやったほうが効率的だからと、いつまでも自分でやっていたら、部下はいっこうに育ちません。

◉勇気を出して仕事を振れ！

そうはいっても、自分の仕事を部下に任せるのは、とても勇気がいることです。

自己責任のところでもお話ししましたが、部下がミスをすれば、結局は自分の責任になります。自分がやれば安心なところを、あえて部下にやらせるのですから、それだけハイリスクな選択をしているとも考えられます。それでも上司なら、部下を信頼して、仕事を任せたり、権限委譲をすべきでしょう。

もちろん、そのためには部下を教育しなければならないでしょうし、自分がやった場合よりも、多くの時間がかかることを覚悟しなければなりません。

でも、部下は責任ある仕事を任されることでやりがいを感じ、チャレンジするなかで学び、成長していくものなのです。

◉上司の役割は「親」と同じ

部下に仕事を任せたら、上司がすべきことは「我慢」です。

我慢と口でいうのはたやすいのですが、実際にやるのはたいへんです。

私も我慢の辛さは身をもって経験しました。部下に仕事を任せ、その仕事ぶりを見ていると、「違うなぁ…。そうじゃないんだけどなぁ…」と思うことが数限りなくあります。

ですが、折にふれて助言することは大切ですけれど、一から十まで口を出すようでは、仕事を任せた意味がありません。そこはやはり、我慢なのですね。

その点で、上司は人の親によく似ています。

親というのは、子どもの成長をとにかく待つ生き物です。立ち上がるのを待ち、言葉を発するのを待ち、歩き出すのを待ちます。一年でも、二年でも、ひたすら待つのが親の役目です。生まれたばかりの赤ん坊に、「なんだ、『あいうえお』もいえないのか」という親はいませんよね。できなくて当然なのですから。

それは部下も同じことです。新しく任せた仕事を部下がスムーズにできなかったからといって、文句をいっても始まりません。部下は失敗や試行錯誤を繰り返しながら、少しずつできるようになるのです。その成長過程をじっと見守り、受け入れてあげるのが上司の度量というものです。

部下に任せた仕事にいちいち口を出し、挙げ句の果てには仕事を取り上げてしまうようではいけません。部下が手間取った仕事を、ササッとこなしたら、「○○さんはさすが」と思われるでしょう。でも、そんな評価に何の意味があるでしょう？

◉優秀な人ができない部署をつくるワケ

人事異動があったとき、上司の実力はよくわかります。

ある部署を統括していたＡさんが、異動で別の部署へ行くことになりました。Ａさんが去ったあと、元いた部署の業績が落ちました。さて、Ａさんの評価はどうなるでしょう？

「Ａさんが優秀だったから、彼がいたころは業績がよかったのにねぇ」という声が聞こえてきそうです。また、Ａさんにしてみれば、自分がいたから業績がよく、いなくなったら悪くなったとなれば、「やっぱり、オレがいないとダメか」という調子で、なかなか気分もいいでしょう。

でも、それは勘違い。自分がいなくなって、業績が落ちるということは、それだけ部下が育っていなかったということになりませんか？

Ａさんは仕事のできる人かもしれませんが、部下が自立して仕事ができる状態をつくれなかったので、明らかなマネジメントミスです。

上司は自分がいるときに部下が何をしているかではなく、自分がいないときに部下が何をしているかで、真価が問われます。上司がいるときに部下が一生懸命働くのは、いわば当然。でも上司がいないときに部下がどれだけ仕事をするか、あるいはその部署がどれだけ機能するか、力を発揮するかが重要なのです。

「上司の究極の仕事は、自分の仕事をなくすこと」の真の意味はそこにあります。

上司は、自分がいついなくなってもいいようなマネジメントを常に心がけなければなりません。上司の存在価値は、自分がいなくても同じように部門がまわっていく状況を作り上げるというところにあるのです。

◉「任せる」と「報告させる」はワンセット

どんどん部下に仕事を任せていれば、それだけ心配も増えるものです。

そこで部下には、報告義務があることをきっちりと伝えておきましょう。仕事を任せるということは、責任がともないます。そして、そのなかには説明責任も含まれます。このことを部下に伝えます。

「おまえを信頼して、これだけの仕事を任せる」というときには、「仕事を任されたからには、責任がともなうのだから、きちんと報告する義務もあるんだぞ」といっておくのです。

どの段階で報告させるかは、仕事の内容にもよりますし、任せる部下の能力や経験値によっても変わってくるでしょう。

ですが、どのようなケースであっても、しっかりと報告させることは絶対に必要なのです。あれこれ口出しするのではなく、必要に応じた報告を受け、その際にアドバイスをし、結果を評価する。この関係をきちんとつくっておけば、仕事や権限を委譲することができます。

報告は、部下を信頼していないから求めるものではなく、あくまでも任せた仕事の一部であるということを伝えておくべきです。もし必要であれば、どのようなタイミングで、どのような報告をすればいいのかを伝えておくといいでしょう。

◉上司の仕事がなくなれば、組織はもっと大きくなる

さて、晴れて仕事がなくなった上司は、何をしたらいいでしょう？ わかりますか？ 自分の部門の仕事はすべて、部下に任せているのですから、上司は新しい仕事にチャレンジしましょう。どうしたら部門の活動範囲を広げることができるのか、どんな新規事業を始めることができるのかなどを考え、チャレンジするのです。

新しい仕事という意味では、自分よりさらに上の上司がしている仕事のなかで、自分ができることがないか考えてみるのもいいでしょう。そうすれば、上の上司は仕事が減り、事業拡大を考えたり、さらに上の上司の仕事をすることもできます。

下の人間が上の仕事をどんどんこなし、空いてきた人間が事業を拡大していくというの

■善循環マネジメント

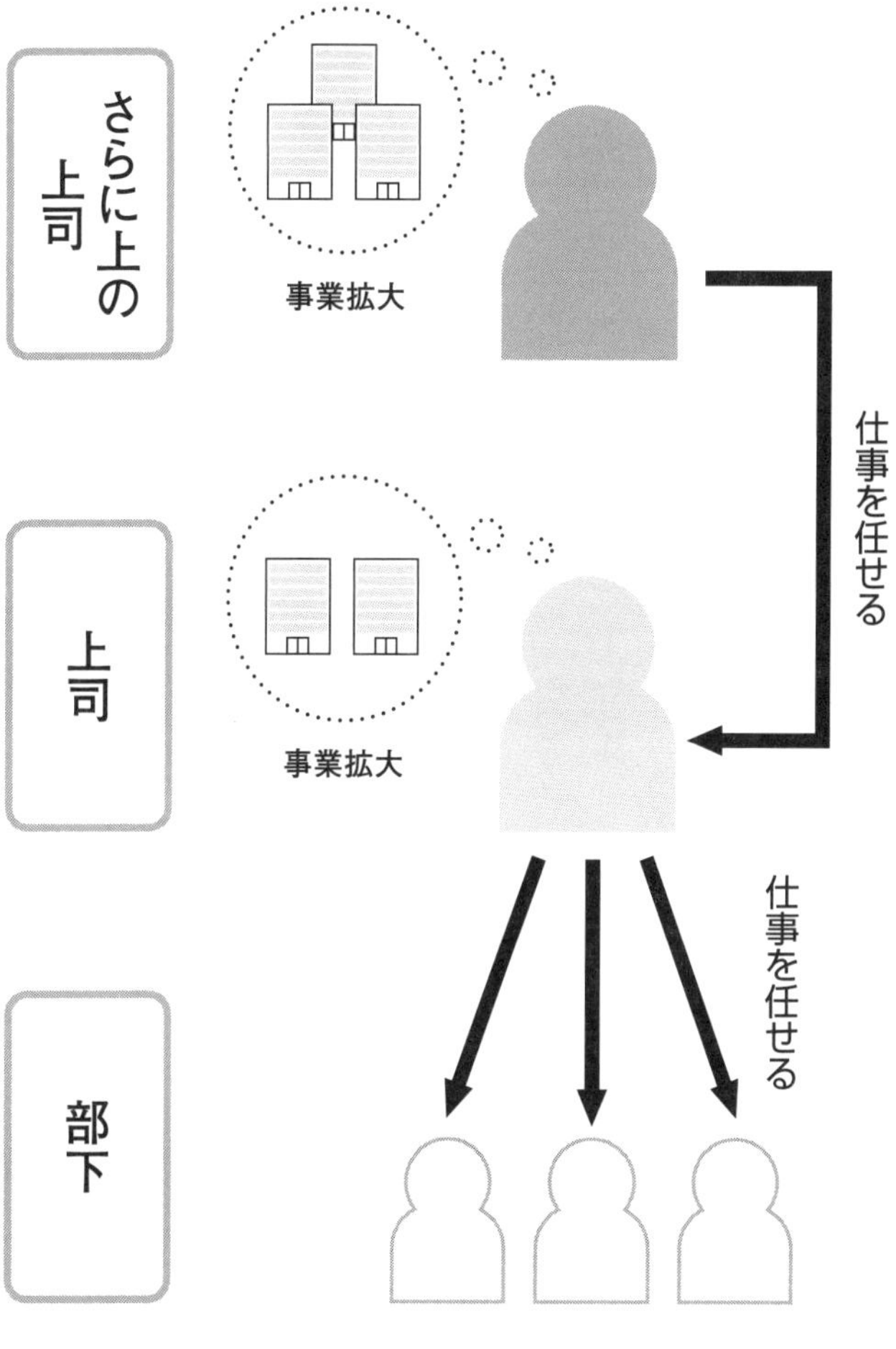
さらに上の上司
事業拡大
仕事を任せる
上司
事業拡大
仕事を任せる
部下

は、とてもよい循環で、私はこれを「善循環マネジメント」とよんでいます。つまり、**部下に仕事を委譲することで自分の仕事をなくすというのは、どんどん組織を大きくするコツでもある**のです。

これこそが、できる上司の仕事のスタイルです。部下に仕事を任せられず、「自分でやったほうが早い」などといっているのは、スケールの小さな話だと思いませんか？

Point できる上司になるために❼

▼上司にしかできない仕事をするためには、部下にできる仕事はどんどん部下に任せる。
▼自分でやったほうが効率的だからといって、自分でやっていたら部下は育たない。
▼部下には、報告義務があることを伝える。仕事には責任がともない、そのなかには説明責任も含まれていることもきっちりと部下に認識させる。
▼自分の仕事がなくなれば、さらに上の上司の仕事や新たな仕事にチャレンジできる。
▼下の人間がどんどん上の仕事をすることで、最終的に組織は大きくなる。

「忙しい」という部下を疑いなさい

◉どうしてそんなに忙しいの？

「忙しいなあ…」

上司、部下を問わず、そう感じながら仕事をしている人は多いでしょう。

「朝から夕方まで一生懸命働いて、それでもなお残業しなければ、仕事が終わらない」

そんな生活を毎日のように送っていれば、たしかに忙しいといえるでしょう。

かつて、私の会社でも忙しそうに仕事をしている社員がたくさんいて、残業時間が異常に多い時期がありました。

そこで私は社員に聞いてみたのです。

「なんで、残業が多いの？」

すると、社員は、「なんでって…とにかく、忙しいんですよ！」、「やることが多すぎるんです！」、「人が足りないんです！」などと答えます。忙しい、人が足りないといわれたからといって、簡単に人を増やすわけにもいきません。

そこで私は、「じゃあ、どんな仕事がどれくらいあって、それにどれくらいの時間がかかるのか教えてよ」と聞きました。

すると、きちんと答えられる人はいませんでした。

◉仕事にかかった時間を書き出してみる

普段、あなたはどんな仕事をしていますか？　どんな仕事にどれくらいの時間をかけていますか？　じつは、毎日の忙しさに追われて、じっくり考えたことはないのではないでしょうか？

まずは、この部分を整理して、きちんと把握する必要があります。

「今日はこれをやらなきゃ」、「明日はあれをやらなきゃ」と思いながら、ひたすら仕事をしているのでは、本当に忙しいのかどうかわかりません。

そもそも忙しいとは、自分がやらなければならない仕事にかかる時間が、自分の労働時間をオーバーしている状態です。

それを計るには、自分がやらなければならない仕事がどれで、それにどれくらい時間がかかるのかを知る必要があります。

そこで、私は本当に忙しいのかどうかを検証するためのプロジェクトを実施しました。サンプルとして白羽の矢を立てたのが、経理部でした。

経理部のメンバーに、「今日一日どんな仕事をしたのか」、「それにはどれくらいの時間がかかったのか」を日報に記録させました。

そして、一年間で、実際にやった仕事とそれにかかった時間をすべて書き出させたのでした。

◉仕事は三つに分けられる

基本的に、仕事には三つの種類があります。それは、「**コーディネート業務**」、「**非定型業務**」、「**定型業務**」の三つです。そして、日報から洗い出したすべての仕事をこの三つに分類しました。

まず、コーディネート業務とは、何か新しいものを作り出していくようなタイプの仕事であり、主に考えることが中心です。つまり、コーディネート業務は社員でなければできない仕事です。

次に非定型業務は、その名の通り定まった形がないので、どんな業務とは一言ではいいにくいのですが、分類基準として、半分は社員、残りの半分はアルバイトなど社員以外でもまかなえるタイプの業務と考えます。

三番目の定型業務は、マニュアルさえつくってしまえば、誰でもできる仕事です。つまり、社員以外でも十分にこなせる仕事です。

さて経理部のスタッフに調査してもらった結果、経理部全体で年間に必要な総時間は六五八八時間でした。そのなかで、コーディネート業務は三〇四時間、非定型業務は二三〇〇時間、定型業務は三九八四時間でした。

コーディネート業務（三〇四時間）と非定型業務（二三〇〇時間）をすべて社員が行なうとしても、社員が働くべき時間は年間で二六〇四時間です。残り、三九八四時間は社員以外でもまかなえる仕事の時間でした。

ここまで明らかになったら、この仕事をこなすために、社員が何人必要なのかを考えていきます。

社員が一日八時間、月に二〇日働くとしたら、月に一六〇時間となり、年間では一九二

■仕事に必要な社員数の割り出し方

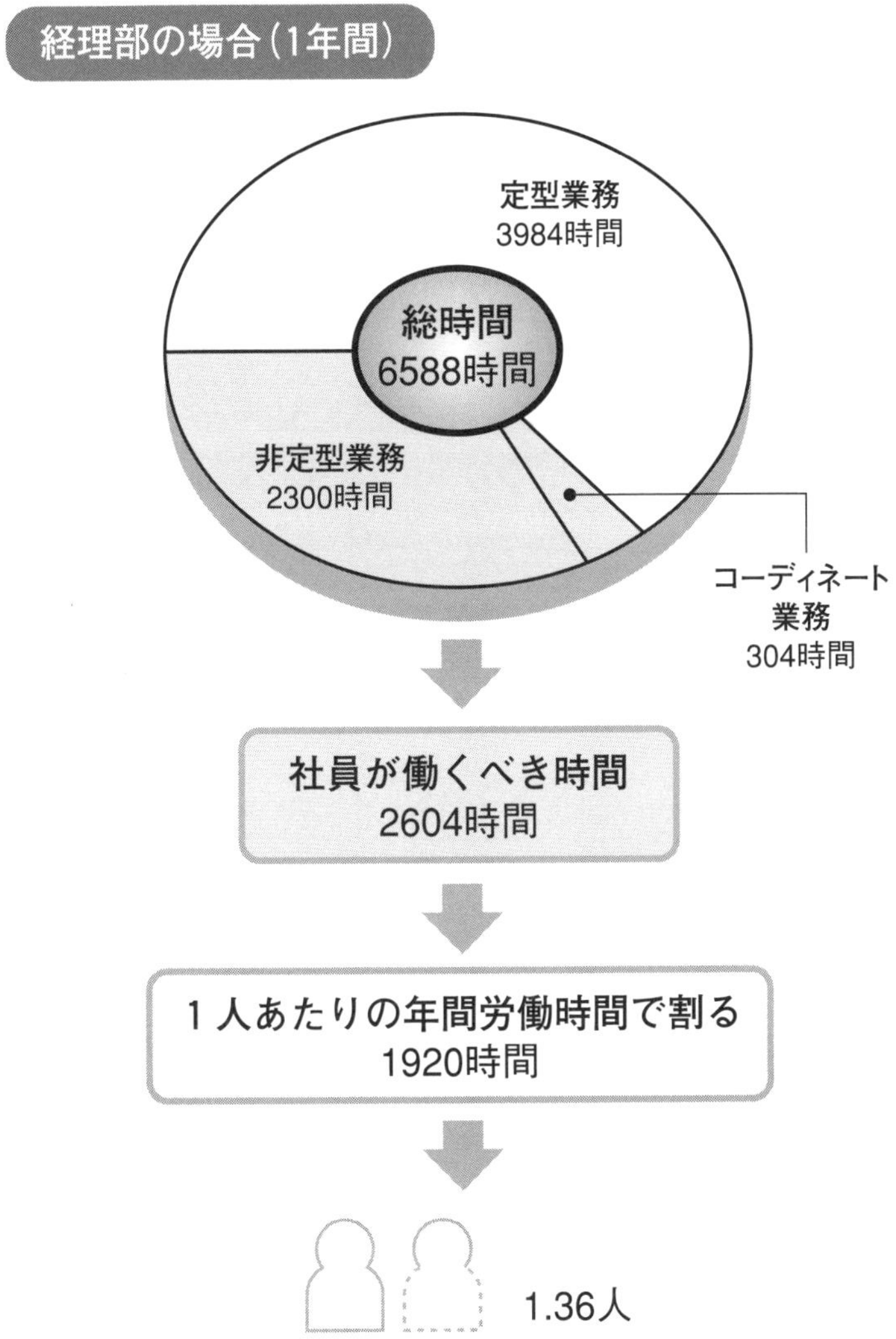

○時間。そこで、社員の仕事である二六〇四時間から、一人あたりの年間労働時間である一九二〇時間を割ると、答えは一・三六人。

驚いたことに、経理部に必要な社員の数は、一・三六人だったのです。

このとき経理部には社員が二人いたので、そのメンバーが忙しいと感じていたのは、社員以外でもできる仕事を、すべて自分たちでこなしていたためだったのがわかりました。要するに、仕事の配分を間違えていたのです。

このプロジェクトの結果から、私はアルバイトを採用することにしました。さらに、一・三六人でできる仕事を二人でやるからには、経理の体質改善をするようにも求めました。もちろん、この現実を突きつけられた経理部の二人は、ガーンという音がするほどショックを受けていました。

◉予測、憶測で仕事をしてはいけない

ですが、経理部の二人に問題があったわけではないのです。

人は誰でも感覚的に忙しいとか、暇だとかの判断をします。具体的な数値を見せられて、「なんだか細かい数字がたくさん出てきちゃったな」と感じている人なら、特に感覚でも

のをいうタイプでしょう。

ですが仕事というのは（特に管理部門に関わる仕事ならば）、感覚で判断するものではありません。**予測、憶測というのは、ときに現実とは大きくかけ離れているもの**です。

もちろん、二人で仕事をしていた経理スタッフに、「実際には、一・三六人でできる仕事だったんだよ」といったところで、「そりゃ、数字的にはそうかもしれないけど、現場には数字ではかたづけられないものもあるんだけどなぁ…」と思うでしょう。

でも、そこは事実に忠実に仕事をしなければなりません。部下の心情を無視して、冷徹な上司になれというわけではないのですが、現実は現実として受け止めさせて、「まずは理屈に合ったやり方でやってみようよ」と信念をもって伝えましょう。

◉気づかないうちに人は仕事をつくる

仕事を見直すときに、「**人は仕事をつくる**」ということもぜひ覚えておいてください。

いま自分がやっている仕事、あるいは部下がやっている仕事を総ざらいしたとき、「それは本当に必要な仕事なのか」と思いながら検証します。なぜなら、知らず知らずのうちに、作り出されたムダな仕事が含まれているからです。

普段仕事をしているなかで、周囲が忙しそうにしていると、自分も忙しくしなければいけないんじゃないかと不安に思います。あなたもそうではありませんか？

すると、実際にはやらなくてもいい仕事をなんとなくやり始めたり、不必要な手順を踏むことで、自分も忙しい人たちの仲間入りをしようとするのです。暇そうにして、遊んでいると思われたくないという気持ちから、いらない仕事を作り出してしまうのです。

これをやっているのは、部下だけとは限りません。

私もかつて自分の会社の中間管理職たちが、ムダな仕事を作り出しているのを何度か見てきました。

上司であるあなたも、一度、自分を見つめ直してみたらいかがでしょうか？

上司は、忙しそうな雰囲気で評価されるものではありません。「忙しい、忙しい」という前に、まずは本当に忙しいのかどうか調べてみてください。

暇な部署ももちろんですが、忙しそうな人、忙しそうな部署こそ、忙しい時間を割いてでも仕事の見直しが必要です。

見直しすることで、新たな問題を発見することもできるし、仕事のムリ、ムダ、ムラをなくすことができますよ。

最後に仕事を見直すポイントを11個にまとめておいたので、参考にしてください。

■仕事を見直す11のポイント

1. 日・週・月・四半期または半期・年単位で定期的にやる仕事、通常業務以外で突発的に起こる仕事に分類する
2. 仕事をコーディネート業務、非定型業務、定型業務に分ける
3. 廃止できる仕事はないかを考える
4. 自分以外の人間、他部署、他の職種、部下などに委譲することで、効率アップを図れるかを考える
5. 外部業者や派遣、アルバイトなどにアウトソーシングできないかを考える
6. 効率を上げるため、簡略化できる仕事はないかを考える
7. 部署間や他の同僚とダブっている仕事はないかを考える
8. 作業の回数を減らすことはできないかを考える
9. 1年以上見直していない取引先、コストはないかを考える
10. 最終的に分類された仕事を“もっといいやり方がないか”見直す
11. 最終的に決定した仕事に必要な人員・所要時間・役割分担・責任の所在を明確にする

Point　できる上司になるために❽

▼自分がやらなければならない仕事がどれで、それにどれくらい時間がかかるのかを調査する。見直しをすることで、新たな問題を発見することもできるし、ムリ、ムダ、ムラを解消することができる。
▼仕事はコーディネート業務、非定型業務、定型業務の三つに分類できる。
▼予測、憶測で仕事をしてはいけない。
▼気づかないうちに人は仕事をつくるので、定期的にムダがないかを見直す必要がある。

本当に大切な仕事は、二割しか存在しない

◉大切な二割の仕事に八割の時間を使う

時間と生命はみんなに平等に与えられているものです。

私は数多くの成功哲学の本を読んできましたが、もっともシンプルでわかりやすかったのは、「時間と生命を上手に使った人が成功する」という教えでした。

では、どうすれば時間をうまく使うことができるでしょうか?

あなたは「八・二の法則」というのをご存じですか?

本来これは、「二割の優秀な人材が会社における八割の業績を支えている」という意味で使われる言葉です。でも、仕事や人生における時間の使い方にも、まったく同じことがいえるのです。

■8・2の法則

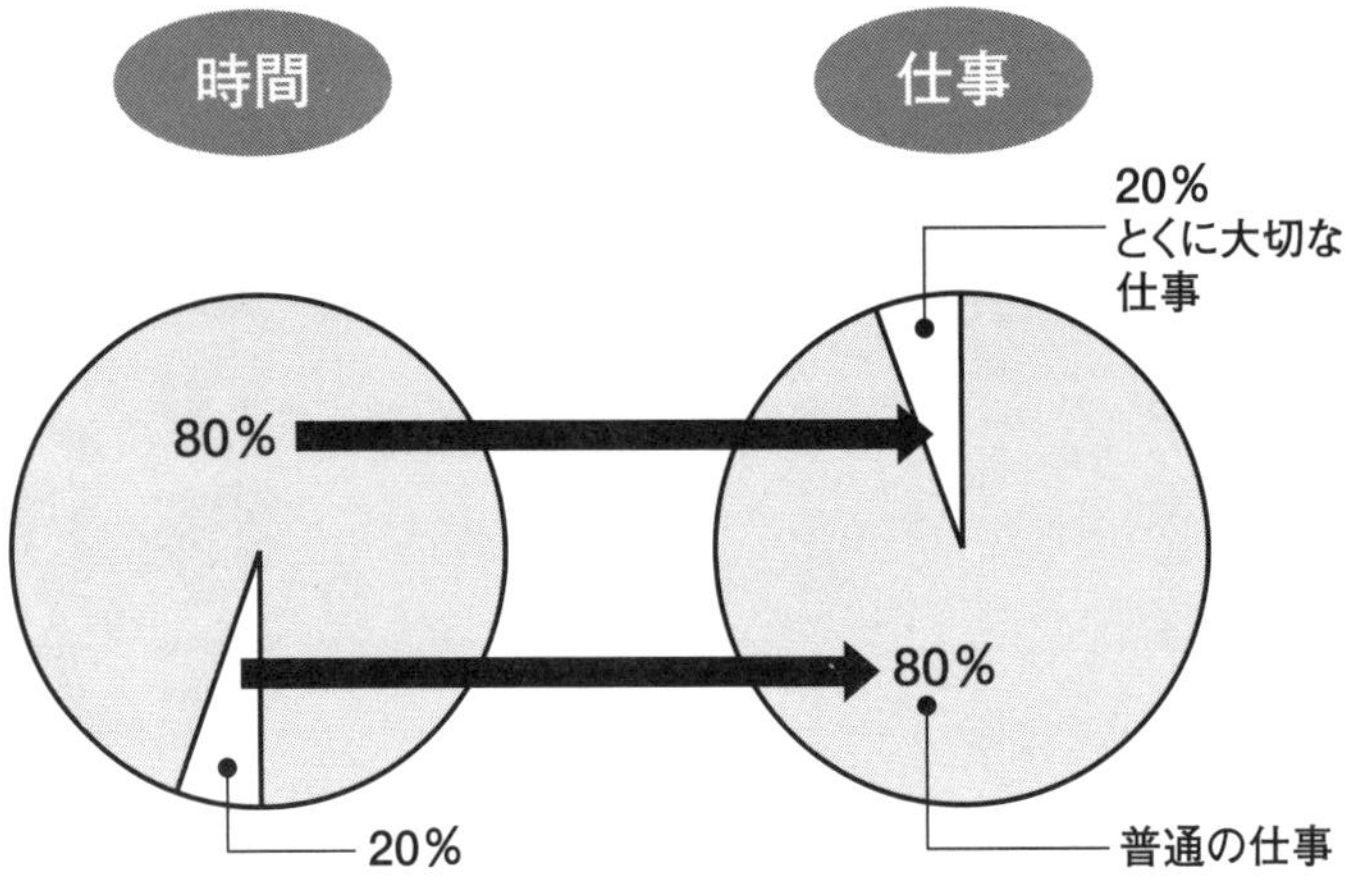

いまここに一〇〇の仕事があるとしたら、そのなかで、とくに大切な仕事は二〇程度ではないでしょうか？

ならば、**二〇パーセントのとくに大切な仕事に八〇パーセントの時間を割いて、残りの八〇パーセントの仕事には二〇パーセントの時間を割くほうが、効果的です。**

とくに大切な二〇パーセントも、普通の八〇パーセントもごちゃまぜにして仕事をしていては、成果は上がらないでしょう。とくに大切な二〇パーセントの仕事が、どうしてもおろそかになってしまうからです。

◉常に優先順位を考えて行動する

勘のいい人なら気づいたかもしれません。

そうです。時間管理の基本も、やはり優先順位なのです。八・二の法則を使うにも、まずは何が大切なのかというう二〇パーセントを選択するところから始まります。これは上司自身が仕事をするうえでも、部下に仕事をさせる場合でも、とても参考になる考え方です。

もちろん、普通レベルの八〇パーセントの仕事をやらなくていいといっているのではありません。もともと一〇〇ある仕事のなかで、二〇パーセントだけをこなして、涼しい顔をしていていいわけがありません。

ですが、自分の仕事について振り返ってみてください。

時間がないという理由で、やるべきことをすべてこなすことができなかったという経験はないでしょうか？　あるいは、部下に対して、「なぜ、できなかったんだ？」と尋ねたら、「時間がなかったんです」という答えが返ってきたことはありませんでしたか？

そもそも、**時間とは「ある、なし」で考えるものではなく、「つくるか、つくらないか」で決まります**。時間がないということは、結局それをやる時間をつくらなかっただけのことです。そう考えると、「何に対して時間をつくるのか」が、とても大切になります。

A、B、Cという事柄があって、Cの重要度がもっとも高いのに、Aから順番にやったためにCをする時間がなかったという話をよく聞きます。

A、B、Cすべての業務を遂行するのに、どうしても時間が足りないという場合でも、

Cを優先的に行なった結果、A、Bをする時間がなかったというのなら、いいのです。

有効に時間を使うということは、適切な優先順位にそって、時間を配分するということです。どんなに時間がない人でも、歯が痛くてとても仕事にならない状態だったら、時間をつくってすぐに歯医者へいきますよね。それだけ優先順位が高いからです。

歯が痛いという、どうしようもない状況に追い込まれなくても、常に優先順位を意識して、時間を使うことが大切です。

重要度の高い二〇パーセントに八〇パーセントの時間を割くという意識をもっていれば、いつでも優先順位を考え、それに見合った時間配分ができるようになるでしょう。

◉二つのことを同時にやって時間価値を上げる

とても大切な二〇パーセントと、普通の八〇パーセントというのは、人生でも同じです。

自分の生活を振り返ってみると、「どうでもいいことをしている時間」が結構多いのではないでしょうか?

私は、仕事と関係ないことをしているときは、できるだけ二つのことを同時にやろうと心がけています。たとえば、電車に乗りながら英会話や著名人のCDを聞くとか、風呂に入りながら次の講演内容を考えるといった程度のことですが……。

もちろん、息抜きの時間をつくってはいけないといっているのではありません。誰にだって息抜きは必要ですし、私だって友人と遊びにいったり、飲みにいったりもします。

私がいいたいのは、程度の問題はあるにせよ、成し遂げたいと思っていることに、できるだけ多くの時間を割くことが、成功への近道ですよ、ということです。

野球のイチロー選手でも、卓球の福原愛さんでも、自分が成し遂げたいと思っていることに、とても多くの時間を割いてきたはずです。いまこの瞬間をどう使うか、そのことを常に意識することで、時間をうまく利用することができるでしょう。

時間は誰にでも同じように流れているものですが、**優先順位にそってその時間を過ごしている人と、そうでない人とでは、時間の価値がまるで違ってきます。**

時間を上手に使えなければ、成功することはできません。

Point　できる上司になるために⑨

▼二〇パーセントの大切な仕事に八〇パーセントの時間を割く。
▼時間管理においても、優先順位をつけることが非常に大切。
▼時間とは「ある、なし」で考えるものではなく、「つくるか、つくらないか」で決まる。

最高の結果を出したいなら、まず最悪の状況を考える

◉危機管理はＦ１に学べ

起こり得るリスクを事前に予測して、準備しておくことは、とても重要なことです。

私はＦ１が好きで、よくテレビ中継を見るのですが、ピットクルーの動きを見ていると、「なるほど、これが危機管理というものか」と感心してしまいます。

Ｆ１にあまり詳しくない人のために簡単に説明すると、二〇〇五年のシーズンは、Ｆ１でタイヤ交換が原則禁止されました（二〇〇六年のレギュレーションでは、タイヤ交換が復活）。

つまり、走行中にピットに入ったとしても、給油をするだけで、その他にやることは何もないはずです。ところが、車がピットに入ってくると何十人ものピットクルーが車を取

り囲みます。

なんで、そんなにも多くの人が出てくるのでしょう？

それは、万が一エンジンが止まったら、万が一ギアボックスに問題が発生したら、という不測の事態に備え、それぞれの担当者が続々と出てくるのです。

もちろん、問題がないケースが多いので、大多数のクルーが何もしないで終わります。それでも、**危機に備えておかなければ、勝負には勝てない**のです。そのことを実感させられる場面でした。

仕事をしていれば、誰だって危機管理をしているものです。

月末に来月の戦略を立てる場合でも、「こういった可能性もあるから、もう少しコストを多めに見ておいたほうがいいんじゃないか？」とか「このぐらいの期間を見越しておいたほうが安全ではないか？」という考えが盛り込まれるでしょう。

ですが、実際にその月になってみると、月の半ばで目標に届かないということが見えてきて、「ヤバイ、どうする？」なんてことがあります。それも日常的に起こります。「ヤバイ、どうする？」ということになれば、急いで対策会議です。どうすれば、問題をクリアし、目標に到達できるかを話し合います。

でも、それでは遅いのです。話し合いをしている間にも、時間は刻々と経過しているし、時間がなくなればなくなるほど、目標達成の可能性は低くなっていきます。

◉いつも心に「イエローライン」

私の危機管理はいつも「イエローライン戦略」です。

イエローライン戦略とは、来月の目標や戦略を立てるときに、「来月のこの時点で、ここまで到達できていなければ、黄色信号」というラインを決めておくことです。

そして、黄色信号が灯ったときには、どんな対策をとるかということもあらかじめ決めておきます。そうすれば、「ヤバイ、どうする?」、「話し合おう」という状況にはなりません。

たとえ、予定の時期に予定の結果が出ていなくて、「ヤバイ」ということになっても、そのときにとるべき対策は用意されているので、「ヤバイ」、「じゃあ、作戦Aでいこう」とすぐに次の手を打つことができます。

現場の混乱もありませんし、対策会議を開く手間も時間も省けます。これがイエローライン戦略のよいところです。

経営者には「ビビリ屋」が多いという話を聞いたことがあるのですが、何を隠そう、私も相当なビビリ屋です。

起こりうる問題を考慮して、翌月の戦略や目標を立て、さらにイエローラインまで引こうというのですから、石橋を叩くにもほどがあると感じるかもしれません。

ですが、個人的な意見をいえば、大ざっぱな予測を立て、「あとは大丈夫さ」と豪気に振る舞うよりも、十分な危機管理をするほうが、現実的にはうまくいくことが絶対に多いはずです。

◉「最悪」をイメージできれば行動が大胆になる

危機管理というのは、ときに人の行動を大胆にするものです。

タリーズコーヒーの創業者である松田公太氏は、自身の著書『すべては一杯のコーヒーから』（新潮社）のなかで、一号店を出店する際の危機管理について興味深い考え方を述べています。

松田氏はタリーズコーヒーの一号店として、銀座の一等地に店を出すため、七〇〇〇万円の借金をしなければならなかったそうです。そのときに彼が考えたのは、「もし店が失敗して、七〇〇〇万円の借金を抱え込むことになったら、どうやって返すか」ということでした。

ここからの彼の考え方はなかなかユニークです。

時給八五〇円でコンビニのバイトを一日一五時間、週休一日でやれば、月の収入は三三万円から三四万円。それに妻の収入も合わせれば、月に四〇万円は返済できる。そこまで危機管理をしたとき、「なるほど、こんなもんか」と彼は思ったというのです。

最悪のケースを十分に考えることで、「悪くても、こんなもん」とはっきりし、大胆になれたのです。

最悪のケースを考えるというのは、マイナスのゴールを設定して、リアルにイメージすることです。これは、前にお話しした、「目指すべき目標を設定して、イメージを明確にする」という方法とまったく同じです。「目標設定＋イメージ」というやり方は、プラスのケースでも、マイナスのケースでもつかえるのです。

私は勉強も兼ねて、株式投資を少しやっているのですが、そこでも似たような発想をもっています。私はどんな株式でも、二〇パーセント値を下げたら、迷わず売ると決めています。それが五〇〇万円の投資でも、一〇〇〇万円の投資でも、二〇パーセント下がったら、「ハイ、そこまで」ということです。

この方法のよいところは、最悪いくら損をするのかが、あらかじめわかっているということです。それがわかっているから、「失敗しても、こんなもん」という気持ちで、ときには大胆な投資もできるのです。

これがもし、最悪いくら損をするのかわからないという状況だったら、「いったいいくら損するのだろう…」と不安になって、株に手を出すことすらできないかもしれません。

また、最悪のケースを設定していないことによって、自分がもっている株価が下がっていても、「ひょっとしたら、これから上がるのでは…」と期待して、さらに大きな損をするかもしれません。

最悪のケースを考えるというリスクマネジメントは、大胆な行動を引き出したり、きっぱりとした判断をするための好材料とも成り得るのです。

上司であれば、状況に応じて即座に判断しなければならないシーンもたくさんあります。そんな状況になったとき、ぐずぐず悩んだり、あれこれ考え始めるのでは、できる上司とはいえません。的確な判断を迅速に下すためにも、あらかじめ受けるリスクを計算しておく必要があるでしょう。

どんな状況でも、慌てず騒がず対処するのが、できる上司です。

そのためにも、ぜひ質の高い危機管理能力を身につけてください。

Point　できる上司になるために⑩

▼危機管理のためにはイエローライン戦略が有効。目標や戦略を立てるときに、来月のこの時点でここまで到達できていなければ、黄色信号だというラインを決めておき、黄色信号が灯ったときには、どんな対策をとるかということもあらかじめ決めておく。
▼リスクマネジメントでも、「目標設定＋イメージ」の手法が応用できる。
▼最悪のケースを考えておくと、大胆な行動を引き出したり、きっぱりとした判断をするための好材料とも成り得る。

第3章　できる上司の「コミュニケーション」のルール

部下の相談に乗ってはいけない

◉アドバイスする前にいいたい魔法の言葉

あなたは部下に相談をもちかけられたとき、どうしていますか?

この件についてアンケートをとってみると、一番多いのが「状況を確認して、できる限りのアドバイスをする」という答えです。

もちろん、それも間違いではありません。きちんと話を聞いて、状況を把握している点もいいし、自分の経験やスキルを総動員させて最適なアドバイスをするというのも、じつに妥当です。

でも、これをやる前に、もうひと工夫してみましょう。

それは、**「君はどう思う?」**と聞いてみることです。なんてことのない言葉ですが、これは魔法の言葉だと私は思っています。

部下が問題を抱えて悩んでいる場合、上司なら的確なアドバイスをすぐに与えられるケースも多いでしょう。

ですが、**まずは本人の考えを聞くことからスタートすべき**です。考えを聞くということは、本人に考えさせることでもあります。

「君はどう思う?」と尋ねたとき、まったく答えをもっていなかったとしたら、自分では何も考えることなく上司に相談しにきた、ということです。そんな状態で、上司がアドバイスをしても、部下のためにはなりません。

だからこそ、自分なりの考えをもっていない部下は一度追い返して、考えてからもう一度くるように伝えます。

上司が答えをすぐに与えたら、直面している問題は解決できるかもしれませんが、次の問題が発生したときに、また何も考えずに上司に聞きにくるでしょう。

たとえるなら、上司がすぐに答えを与えるのは、おなかのすいている部下に魚を釣ってあげるようなものです。その場は満腹になりますが、これでは部下は上司にいつまでも頼りきるでしょう。

大事なのは、部下に魚を釣ってあげることではなく、部下が一生困らないように「魚の釣り方」を教えてあげることなのです。

◉上司の答えに潜む「副作用」

部下の抱える問題をズバッと解決する上司はカッコイイものです。部下はその上司を尊敬し、「さすが、○○さん」などというでしょう。いわれた上司は「どうだ、オレはすごいだろ」といわないまでも、心の中で思うはずです。

上司にとって、これは本当に気持ちのよい瞬間です。その部下は同僚たちに、「○○さんに相談したら、すぐに解決してくれたよ」なんて、言って回るかもしれません。すると、また別の部下が相談にくるので、「ああ、それは簡単だよ。これをこうして、あれはこんなふうにすれば、すぐに解決するぞ」と答えます。

そうなると、その部門では、「○○さんに相談すれば、何でも解決する」という認識が広まり、上司は絶大な信頼を得ます。まさにヒーローです。上司の答えに部下も納得しているのですから、一見理想的な職場環境のようにも思えます。

でも、これではダメなのです。部下が何も考えなくなってしまうのです。すっきりと問題を解決させる特効薬の後ろにある、この重大な副作用を、上司は忘れてはいけません。

部下の問題を上司が解決してしまうということは、部下の大切な成長の機会を奪うことにもなりかねないのです。

告白すれば、じつは私も、部下の問題を次々に解決し、「さすが、嶋津さん」、「嶋津さんに相談すればバッチリですね」といわれてご満悦になっていた時期がありました。そのときも、部下が自分で考えようとしなくなってしまったのでした。

この本でお話ししているとおり、人は自ら考えて、行動したときにもっとも大きなパワーを発揮します。

ところが、上司が何でも解決してくれるという職場では、大きなパワーを発揮しているのはご満悦な上司だけで、部下の能力を引き出すことはできていません。

部下にアドバイスをすることは大切ですが、その前に、まず本人に考えさせましょう。そのために、「きみはどう思う?」が有効なのです。

◉それでは部下が腐ってしまう

部下の考えを聞いてからアドバイスを与えるとき、絶対にやってはいけないことがあります。

たとえば、会議などで「君はどう思う?」、「君は?」、「君は?」という具合に部下の考えを聞いたうえで、「でも、結局それはこういうことだろ。それなら、こうしたほうがいいに決まってるじゃないか!」とちゃぶ台をひっくりかえす……これではすべてが台無しです。

部下の考えが明らかに間違っていて、正しい考えを上司がもっていたとしても、そんな言い方をしたら、部下は腐ってしまいます。

「何だよ、結局自分の意見に従わせたいだけか…、会議するだけ無駄じゃん」

「それならオレの考えなんて聞かずに、決定だけを伝えてくれればいいのに…」

こんなふうに思うようになるでしょう。これもまた、部下が自分で考えなくなってしまう悪いパターンです。

部下に考えをいわせるなら、「なるほど、そういうことか。君の考えていることはわかった」といって、まずは受け止めてあげることです。

そのうえで部下の考えを正したいならば、「でも、この場合、こう考えて、こうしてみるという手もあると思うが、どうかな?」という提案のスタイルをとって、さらに考えさせるべきでしょう。

この方法なら、部下は自分が尊重されていると思うはずです。最終的には上司の意見に従うことになったとしても、自分でもう一度考えることで、自ら意思決定して行動しているという意識をもてるのです。

◉自分の意見なんて捨ててしまおう

A案とB案があって、どちらでも大差はないと思えるとき、私は積極的に部下の意見を採用します。仮に私が提案したのがA案でも、部下がB案を提案したなら、B案を採用します。

現実問題として、部下と意見が対立したとき、どうしても自分の案をとおさなければならないというケースもあります。そのときには自分の意見をとおすのですが、いつも自分の意見をとおしていると、結局は部下が自分で考えなくなります。そうならないために、可能な限り部下の意見を採用するのです。

上司とは違う案や意見を出して、それが上司に認められ、採用されたら、部下は自信をもって、さらに考えるようになります。**大差のない二案の採択で、部下のモチベーションを上げられるなら、部下の意見を採用したほうがよい**でしょう。

上司というのは、自分のすごさを部下にわからせるために存在しているわけではありません。あくまでも、部下が自らの考えで行動し、最大のパワーを発揮するように働きかけるのが上司の役割です。

能力のある人ほど、素早く答えを導き出すことができますが、それをそのまま伝えるのは、本当の意味でのできる上司ではありません。**上司が目指すのは、部内で一番できる人間ではなく、社内で一番できる部門をつくること**なのです。

◉「どうして、うまくいかなかったのか?」は最悪のクエスチョン

目標が達成できなかった部下に対しても、できる上司のスタンスは同じです。

「このときに、こうしておけばうまくいったじゃないか!」と最初から答えを提示してはいけません。ここでも「君はどう思う?」という魔法の言葉を思い出して、まずは部下の考えを聞いてみます。

ただし、一点だけ注意しましょう。部下が失敗したときに、「どうして、うまくいかなかったのか?」と尋ねてしまう上司がいるのですが、これはまずいのです。

なぜなら、うまくいかなった理由を聞くと、部下はどうしても追及、詰問されているような印象を受けて、言い訳しか出てきません。上司が聞きたいのは言い訳ではないでしょ

う。

もっといえば、**上司は部下から言葉を引き出したいのではなく、どの程度現状分析ができていて、どんな改善策をイメージしているのかなど、部下の考えを知りたい**はずです。

そこで、「どうすれば、うまくいったと思う？」というポジティブな聞き方をします。そうすると、部下は言い訳をするのではなく、何かしらの方法を考えるようになり、発見、教訓につながっていきます。

◉「バーチャルプラン」で考える力をつける

部下に真剣に考えさせたい場合、あるいは本当に反省を促したい場合には、「バーチャルプラン」を提出させるとよいでしょう。

バーチャルプランとは、うまくいかなかった案件を過去にさかのぼって、改めて架空のプランを出させるという方法です。どのタイミングで、どんな処理をすれば、うまくいったかを考えさせ、その手順をまとめたプランを書面で提出させます。

「バーチャルプラン」のよい点は、失敗を教訓にして、次に生かせるようになることです。失敗から学ぶには、なぜ失敗したのかを分析し、どうすればうまくいったのかという点について、考える必要があります。

ところが部下が失敗したときに、上司がその答えを与えてしまうと、考える力が育たなくなりますし、部下自身のなかに強い印象として残りにくいのです。

その点、バーチャルプランは一〇〇パーセント部下自身が考えなければなりません。時間はかかるかもしれませんが、本気で部下を育てるなら、その程度の回り道は大歓迎です。日常業務のなかで、あらゆる部下の失敗に対してバーチャルプランを提出させるのは物理的に無理があるでしょうが、「ここぞ」というときには、ぜひ試してください。

Point できる上司になるために⑪

▼部下に相談をもちかけられたら、「君はどう思う？」と聞いてみる。まったく答えをもっていなかったとしたら、自分では何も考えずに上司に相談にきたことになる。そんな状態で、上司がアドバイスをしても、今後のためにはならない。だからこそ、自分なりの考えをもっていない部下は一度追い返して、考えてから出直すように伝えよう。
▼部下の相談に即答していたら、部下が考えなくなってしまうから注意。
▼部下に真剣に考えさせたい場合、あるいは本当に反省を促したい場合には、バーチャルプランを提出させるという方法がある。

部下のフォローができなきゃ上司じゃない

◉部下のフォローの四か条

上司が部下をフォローするのには、さまざまなケースがあります。

第一は、**部下が何かの仕事をしようとするとき、そのスタートを見届けてあげる**フォローです。上司は部下に仕事を与えると、すぐに部下がその仕事にとりかかると思いがちですが、部下は別のトラブルを抱えていて、すぐに仕事にとりかかれない場合もあります。あるいは、モチベーションが上がらないために、すぐに行動に移せないとか、じつはどう始めればよいのかわかっていないなど、さまざまな理由でスタートが切れないことがよくあるのです。そういう意味で、スタートを見届けてあげることは非常に大切なフォローです。

第二は、スタートを切ったはいいが、**自分が意図した方向に進んでいないという場合に、部下が正しい方向へ進むようにフォローしてあげます。**部下を信頼して仕事を任せたとはいえ、まったく間違った方向へ進んでいれば、やはり軌道修正をしてあげます。

第三は、**経過報告を受けるというフォロー**です。適度なタイミングで報告を受ければ、上司としても余計な心配をしなくて済むし、部下の状況を把握し、必要があればアドバイスをすることもできます。

そして、第四のフォローは**「目配り」**、**「気配り」**、**「手配り」**を効かせるということです。

上司は、すべてを自分でやってはいけないし、なんでも自分が知らなければ気が済まないというスタンスでも困ります。それでいて、部下に仕事を与えたら、「あとは勝手にやるだろう」と放っておいてもいけません。このバランスが非常に難しいのですが、まずは部下の状況を把握するためにも目を配り、部下が仕事をしやすいように気を配り、必要なときには手をさしのべるというフォローが大切です。

◉ちょっとしたフォローが部下を変える

部下を叱ったあともフォローが大切です。

■上司がやるべき4つのフォロー

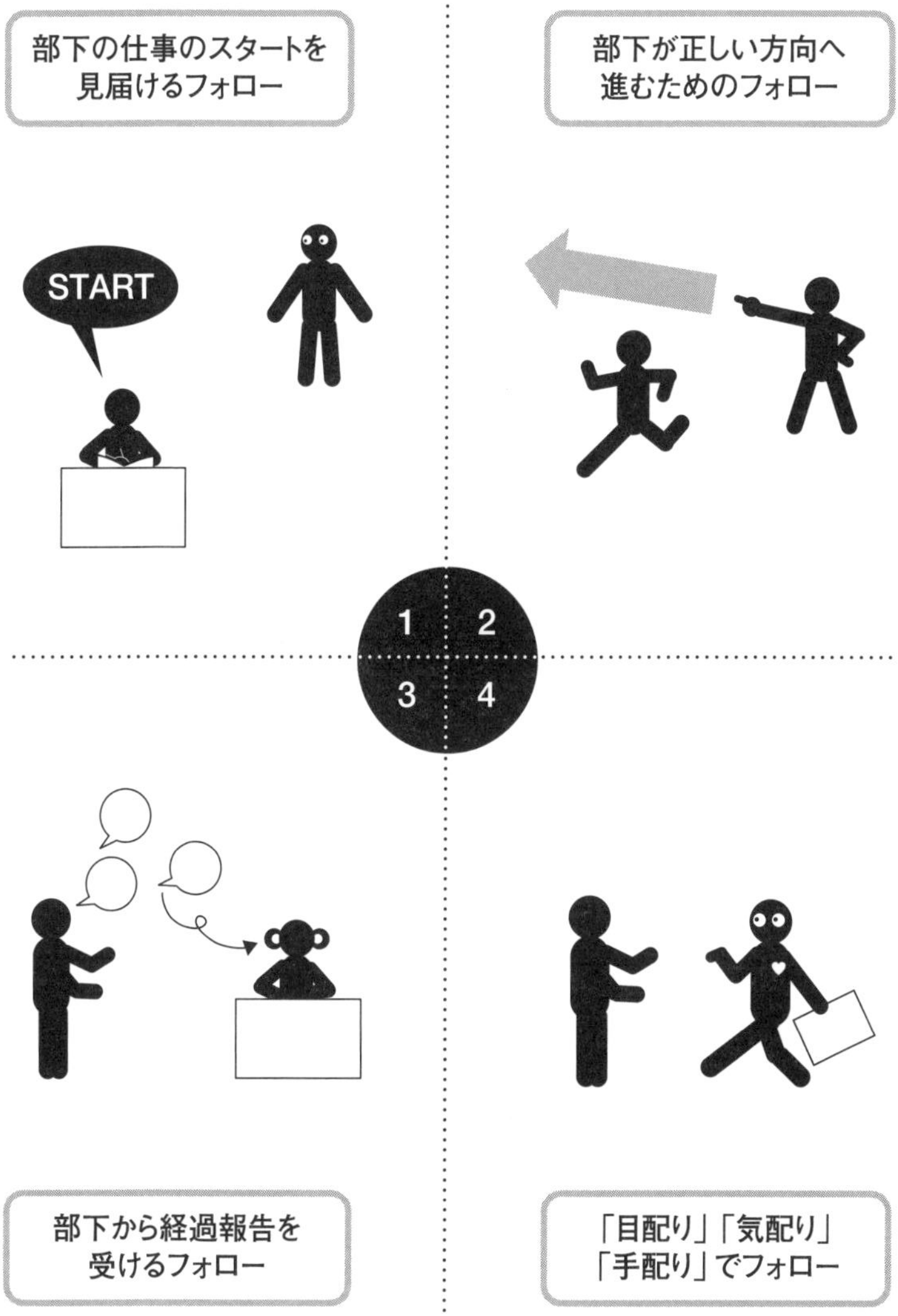

私が会社に勤めていたころ、ある上司とケンカをして、その瞬間からその上司のことが嫌いになったことがありました。

しかし、ケンカをした日の夜八時ごろ、当時は携帯電話がなかったので、自宅にその上司から電話がかかってきました。上司は電話の向こうで、「昼間は悪かった」といいました。上司から、そんなふうにいわれ、私も「感情的になってすみませんでした」といいました。ちょっとしたフォローではありますが、私は電話を切った瞬間、「なんだ、結構いいヤツじゃないか」と思うようになっていました。

人の感情とは、案外そんなものなのです。どんなわだかまりがあるにせよ、部下をフォローするのは上司の仕事です。

状況によっては、部下のほうから「昨日はすみませんでした」といってくるケースもあるでしょう。ですが、そこは上司、部下という関係なのですから、心から反省し、心を入れ替えているかどうかはわかりません。部下にしてみれば、わだかまりを残したまま、立場上そういっているだけかもしれません。そうしたわだかまりを残さないためにも、上司のほうからフォローしてあげてください。

部下の精神状態を落ち着かせ、仕事に打ち込めるようにすることは、上司に課せられた役割です。きつく叱ったとき、その叱責がいかに正当なものであっても、部下がふてくされて、ロクに仕事をしなくなったのでは、本来の目的が達成できません。

ちょっとしたフォローで、部下がすんなりと気持ちを入れ替えてくれることは結構あるので、すこしばかりばつの悪い思いをしても、ぜひフォローをしてあげてください。

会社がまだ小さかったころの話ですが、私は、二日以上休んだ部下がいたら、必ずお見舞いへいくようにしていました。その当時は、「社会人が二日も続けて会社を休むというのは尋常ではない」と思っていたのです。

部下の家へお見舞いにいくと、いろいろな体験をします。実際、いってみたら、その部下が留守だったなんてことも一度や二度ではありません。「なんだ、さぼりやがったな」とは思いますが、こちらとしてもそんなこともあるだろうと承知のうえでいっていました。そんなときには、ドアのところにお見舞いの品をぶら下げて、「明日から、また頑張ろうな」という手紙を残してきました。

あくまでも、部下をフォローしたいという気持ちでお見舞いにいっているので、監視するわけでも、叱りにいっているわけでもありません。

そんな、ちょっとしたフォローでも、部下がやる気になってくれたり、辞めようと思っていた部下が立ち直ってくれたという経験もしました。

また、ある部下が体をこわして二日続けて会社を休んだこともあったのですが、仕事の都合でお見舞いにいくのが、夜中の一時ごろになってしまったことがありました。さすがに深夜にチャイムを押すのも非常識なので、ドアノブにコンビニの袋に入ったポカリスエット二本をぶら下げて、「体は大丈夫か。早く治してまた一緒に頑張ろうな」という手紙を添えておいてきました。

翌日、その部下は会社に出てきたのですが、これまでとはなんら変わることもなく、普通に仕事をしていました。

それから数年経ったある日、その部下に、「嶋津さん、あのときのこと覚えてますか？」といきなりいわれました。その部下の話では、じつはあのとき体をこわすと同時に、会社を辞めようかと悩んでて、黙って見舞いにきてくれたことにとても感動したというのです。「この上司のためなら、精一杯頑張ってみようと思った」とまでいってくれ、私は涙が出るほどうれしい思いをしました。

◉フォローも人によっては迷惑になる

上司は、「社会人たるもの、こうあるべきだ」という道徳を押しつけるためにいるのではありません。部下がやる気を出してくれれば、それでいいのです。

しかし、そんな上司の気持ちがいつも部下に伝わるというわけではありません。

私にはこんな失敗談があります。もう何十年も前の話ですが、ある部下が仕事で落ち込んでいるように見えたので、休みの日に部下の家に電話をして、「これから遊びにいこう」と誘ってみました。その部下はカラオケが好きだったので、一緒にカラオケにいって、元気づけようと思ったのです。その日はカラオケで大いに盛り上がり、私も「ナイスフォローだな」と思っていました。

ですが後日、別の部下から、一緒にカラオケにいった部下が「こっちの都合も考えてほしいよ。突然だと、ちょっと迷惑だよね」というニュアンスのことをいっていたと聞かされたのです。

私にしてみれば、「ええっ、よかれと思ってやったことなのに…」という思いでしたが、彼にその思いは伝わらなかったようです。

そのときのことを思い返してみれば、私のやり方は唐突すぎたかもしれないし、あのようなかたちで私の気持ちを伝えるには、十分な人間関係ができていなかったのかもしれません。

フォローしたつもりでも、思いが伝わらないことはよくあるものです。でも、自分の気持ちを部下がわかってくれなかったからといって、めげたり、腹を立ててはいけません。

上司の気持ちを伝えることが目的ではなく、部下をやる気にさせるのが目的なんです。部下をやる気にさせられなかったのは、こちらの気持ちをくみ取れなかった部下のせいではなく、自分のやり方がまずかったせいなのです。

相手のためを思い、よかれと思った行為でも、それが功を奏さないのは上司自身の責任です。そう考えると、上司とは何とも切ない立場ではありますが、それも含めて上司なのだと思ってください。

Point　できる上司になるために⑫

▼フォローには四か条がある。

▼第一条　スタートを見極める。

▼第二条　正しい方向に進んでいるかを確認する。

▼第三条　経過報告を受ける。

▼第四条　目配り、気配り、手配りを効かせる。

▼部下を叱ったあとにもフォローが大切。わだかまりを残さないためにも、上司のほうからフォローしてあげる。

上司はよきコーチであれ

◉何のために仕事をしているの？

上司は部下が自ら動くための環境づくりをします。自ら動くためには、明確な目的と目標が必要です。この二つの言葉は、この本でも繰り返しお話してきました。

では、目的をもっていない部下には、どのように接すればいいのでしょう？

私はよく、**「君は何のために仕事をしているの？」**と部下に尋ねました。

すると、「お金のためです」、「生きていくためです」、「家族のためです」などという答えが返ってくることが多いのです。こうした答えは、当たり前すぎて、仕事をするうえでの高いモチベーションにはなりにくいのです。

この手の部下をやる気にさせ、自ら行動するようにもっていくのは、なかなか難しいのですが、いくつかの質問をすることから始めるのが、とても有効だと思います。

ここでは私の質問パターンを紹介してみましょう。

◉過去と未来を棚卸しする

私はそんなとき、**「過去と未来の棚卸し」**を行ないます。

まずは、ライフラインといって、「おぎゃー」と生まれてからいまに至るまでの自分の人生の浮き沈みを一筆書きで描き、その浮き沈みに何が起こったのか、どういった人達が介在していたのかを記載します。要するに、自分の年表作りです。

次に**過去の棚卸し**です。

それは、その部下が過去のどんなときに喜び、生き甲斐、やりがいを感じたか、楽しい、嬉しいと思ったか、さらには、感動、必死、幸せ、得意、輝き、自信など、過去の自分について思い出してもらうのです。

質問をするときには、そのときの状況がどういうものだったのか、まわりにどんな人がいたのかなど、具体的に聞いてあげるのがコツです。

こうした質問をすると、人はワクワクして、積極的に考え始めます。「甲子園を目指しているときには、必死で頑張りましたね」とか、「中学のときに一生懸命勉強したら、それまでいつもビリだったのに、ブービーになったんですよ。あのときは嬉しかったですね」という具合に、楽しそうに話をします。

これが過去の棚卸しです。目的を見失っている人に、まず目的をもって頑張っていた記憶や成功体験を思い出させるのがねらいです。

過去の棚卸しが終わったら、次は**未来の棚卸し**です。

ここでは、この先、何を手に入れたいのか、どんな状況になりたいのか、あるいはどんな価値観をもちたいと思っているのかなど、未来の理想像を尋ねます。そうはいっても、仕事に関する未来である必要はありません。

すでに紹介した「ベンツに乗りたい」というのでもいいし、純粋にお金持ちになりたいというものでもいいでしょう。

そのほか、こんなふうに仕事ができるようになりたいとか、このような状況において、こんなふうに考えられたらいいだろうな、と思っているなど、本人が心から希望している未来であれば、何でもいいのです。

◉未来の姿と仕事をリンクさせる

過去と未来の棚卸しが終わったら、未来の理想像に到達するためには、どんな条件が必要かを考えてもらいます。

何が必要だとか、誰の協力が必要なのかなどです。また、未来の理想像について、何かキーワードとなるものがあるのか、尋ねてみるのもいいでしょう。

ここまで質問をしたら、最終段階です。

最後に、未来の理想像を手に入れるために、いま仕事でどんな状況を作り上げる必要があるのかを考えてもらいます。

お金持ちになるためには、出世して、偉くならなければならない。そのためには、いまの仕事で業績を上げなければならないなど、**理想の未来と目の前の仕事をリンクさせる**のです。

ここまで掘り下げると、目的をもっていなかった部下でも、仕事をする目的を見いだすことができます。

ですが、このやりとりをすれば、すべての部下が翌日からバリバリ働くとは限りません。そうなるに越したことはありませんが、世の中が、そんな素直な人たちで埋め尽くされているわけではありませんよね。

でも、ここまでのやりとりで、部下と上司のコミュニケーションが成立していることだけはたしかです。

人は自分の話を熱心に聞いてくれる人に好意をもちます。

上司が部下の目指す将来像、今後やりたいことなどを熱心に聞くと、少なくとも部下は「この上司は、自分のことをわかろうとしてくれる」、「理解しようとしてくれている」と感じるでしょう。

部下に目的や目標を尋ねて、まともな答えが返ってこないと、「それじゃ、仕事なんてできっこないぞ。明日までに考えてこい！」などという上司もいますが、それはいけません。**部下の話をじっくりと聞き、目的、目標が設定されるまでのプロセスを共有することに意味がある**のです。

◉パッシブリスニングとアクティブリスニング

ここで紹介しているのは、じつはカウンセリングで使われている聴き方のスキルです。

この聴き方には、**パッシブリスニング（受動的傾聴）**と**アクティブリスニング（能動的**

■パッシブリスニングとアクティブリスニング

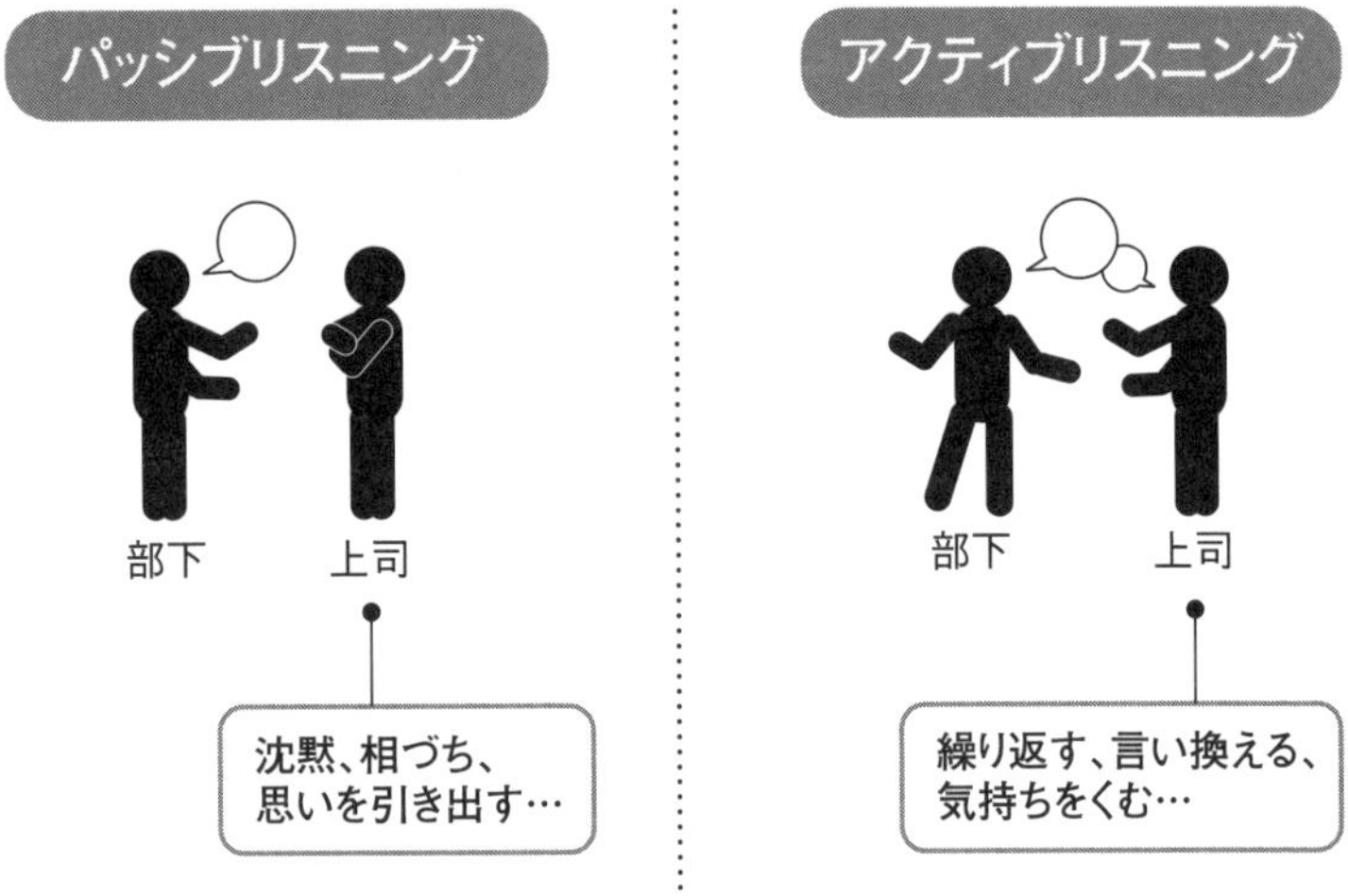

傾聴）の二つがあります。

パッシブリスニングとは、具体的にいうと沈黙、相づち、思いを引き出す言葉をかけながら聞くということです。

「ああ、そうなんだ」、「ほんと、なるほど」という相づちを打ったり、「それについて、もっと聞かせてよ」、「君はそれを大事に思っているみたいだけど、それってどういうことなの？」という具合に、相手の思いを引き出します。場合によっては沈黙をうまく利用して、相手に話をさせることもあります。そもそも人は沈黙を嫌うので、こっちが黙っていれば、何かしら話を始めるものなのです。

一方、アクティブリスニングのポイントは、「繰り返す」、「話をまとめる（言い換える)」、「気持ちをくむ」です。

たとえば、「課長、この件についてはこう思っています」と部下がいってきたら、「なるほど、○○だと君は感じているんだね」と気持ちをくみ、言葉として繰り返すのです。

多くの上司は、自分と違う意見が出てくると、「いや、そうじゃなくてさ」、「おまえってやつは何もわかっていないな」などとすぐに自分の話を始めてしまいます。ひどい人になると、相手の話を遮ってまで、自分の話をします。

ですが、大切なのは**話を聞くこと**なのです。

ユダヤ人の有名な言葉に、「神様は口を一つと耳を二つ与えてくれた」というものがあります。一回話したら、二回聞くくらいの気持ちが大切だということでしょう。

また、部下の話に対して、「それは、こう考えるのと同じなのかな?」、「きみがいっているのは、たとえば、こういうことかな?」と言い換えるのも有効なテクニックです。くどいようですが、部下の話を言い換えるのであって、自分の意見とすり替えるのではありません。

話を聞くことには、たくさんのメリットがあります。まずは情報が入ってきます。さらには、相手がどんな考えを持ち、どんなふうに感じていたのかを知ることで、新しい発見があるでしょう。

そして、相手の成長を理解することもできます。部下が成長していることがわかれば、それだけ信頼できるようになりますし、新しい仕事を任せることもできます。それもすべて、話を聞くというところからスタートしているのです。

また、話を聞くことの重要性とともに、話を聞く態度も大切です。

部下が話をしているとき、パソコンに向かって、自分の仕事をしながら聞いているようではいけません。パッシブリスニングとアクティブリスニングを使って、相づちを打とうが、話を繰り返そうが、しっかりと話を聞く態度ができていなければ、意味がないのです。話を聞くうえで大切なのは、「あなたのいうことをきちんと聞いていますよ」というメッセージを相手に伝えることなのです。

◉白いボールに、黒いボールを返すな

よく、会話はキャッチボールだといいます。もっといえば、白いボールを受け取ったら、白いボールを投げ返すのが、キャッチボールです。

たとえば、「課長、今日の仕事は難しくて大変でしたよ」と部下が白いボールを投げてきたとしましょう。そこで課長が、「そんなこといってるからダメなんだ。おまえの能力

が足りないから、難しいと感じるんじゃないか？」なんていうのは、明らかに黒いボールで返している例です。それは会話のキャッチボールではなく、ドッジボールとでもいいましょうか。

部下の言葉に対して、「そうか、難しかったか」と受け止め、繰り返したり、「どのあたりが、難しかった？」と聞いてあげるのが、正しいキャッチボールでしょう。

正しいコミュニケーションとは、まず部下の感情や考えを示す記号（言葉、調子、顔の表情、ボディランゲージ）を受け取り、上司が部下の感情や考えを推察することで始まります。そして、上司は自分が推察した内容を部下に表現します。すると、部下はその推察が正しかったのかどうかを返答してきます。

具体的には136ページの図のようになります。

このやり取りが白いボールをきちんと返す、正しいコミュニケーションです。

ビジネスシーンに限らず、意識して他人の会話に耳を傾けてみると、さまざまな色のボールが飛び交っていて、じつにおもしろいものです。会話はキャッチボールだといっても、実際にはかなりいびつなキャッチボールが行なわれているのです。

一般社会のコミュニケーションなら、それでもいいかもしれませんが、部下と上司のキャッチボールで、上司がボールの色を無視したら、部下はやる気を失ってしまいます。**部**

■正しいコミュニケーションのやり方と実例

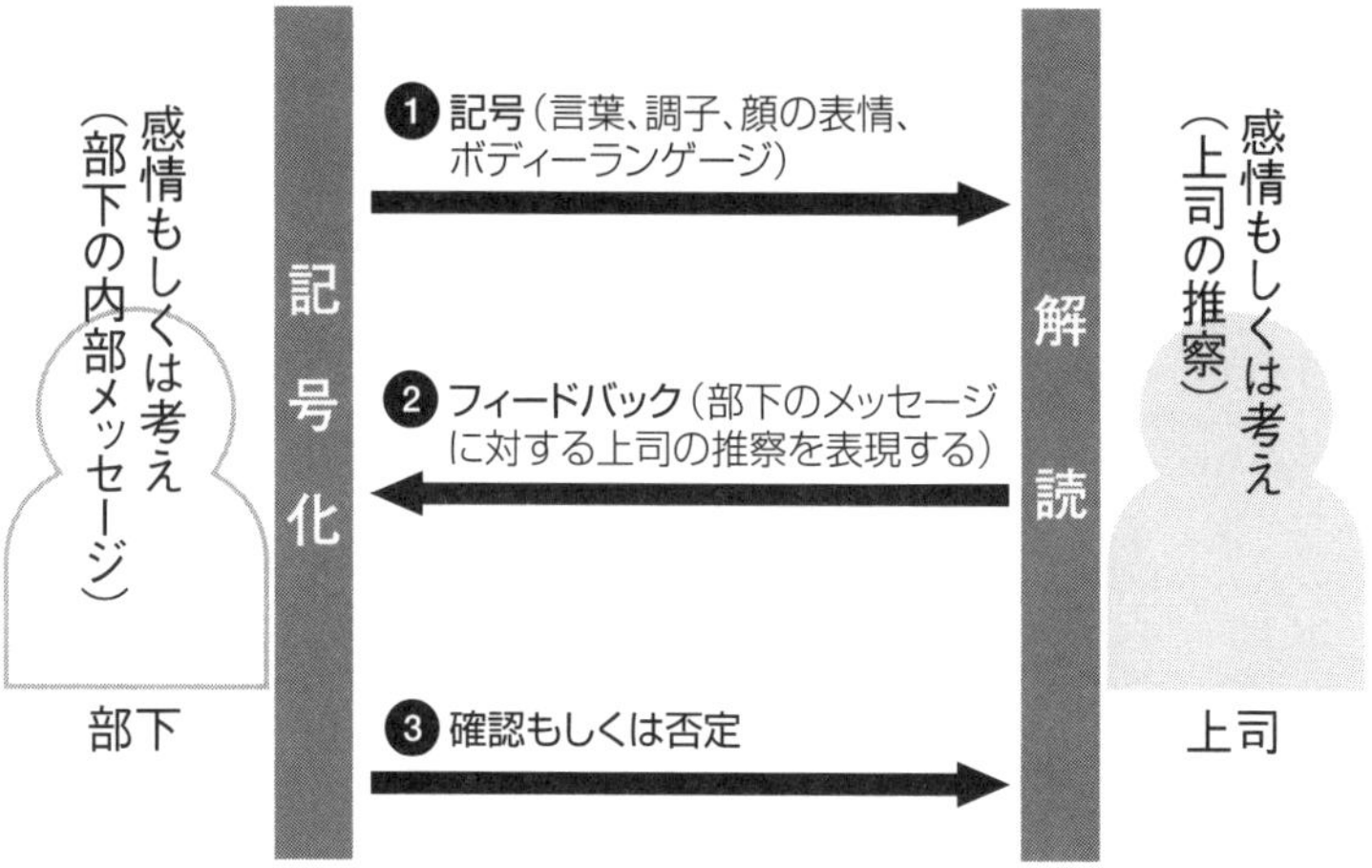
感情もしくは考え
（部下の内部メッセージ）
部下
記号化
❶記号（言葉、調子、顔の表情、ボディーランゲージ）
❷フィードバック（部下のメッセージに対する上司の推察を表現する）
❸確認もしくは否定
解読
感情もしくは考え
（上司の推察）
上司

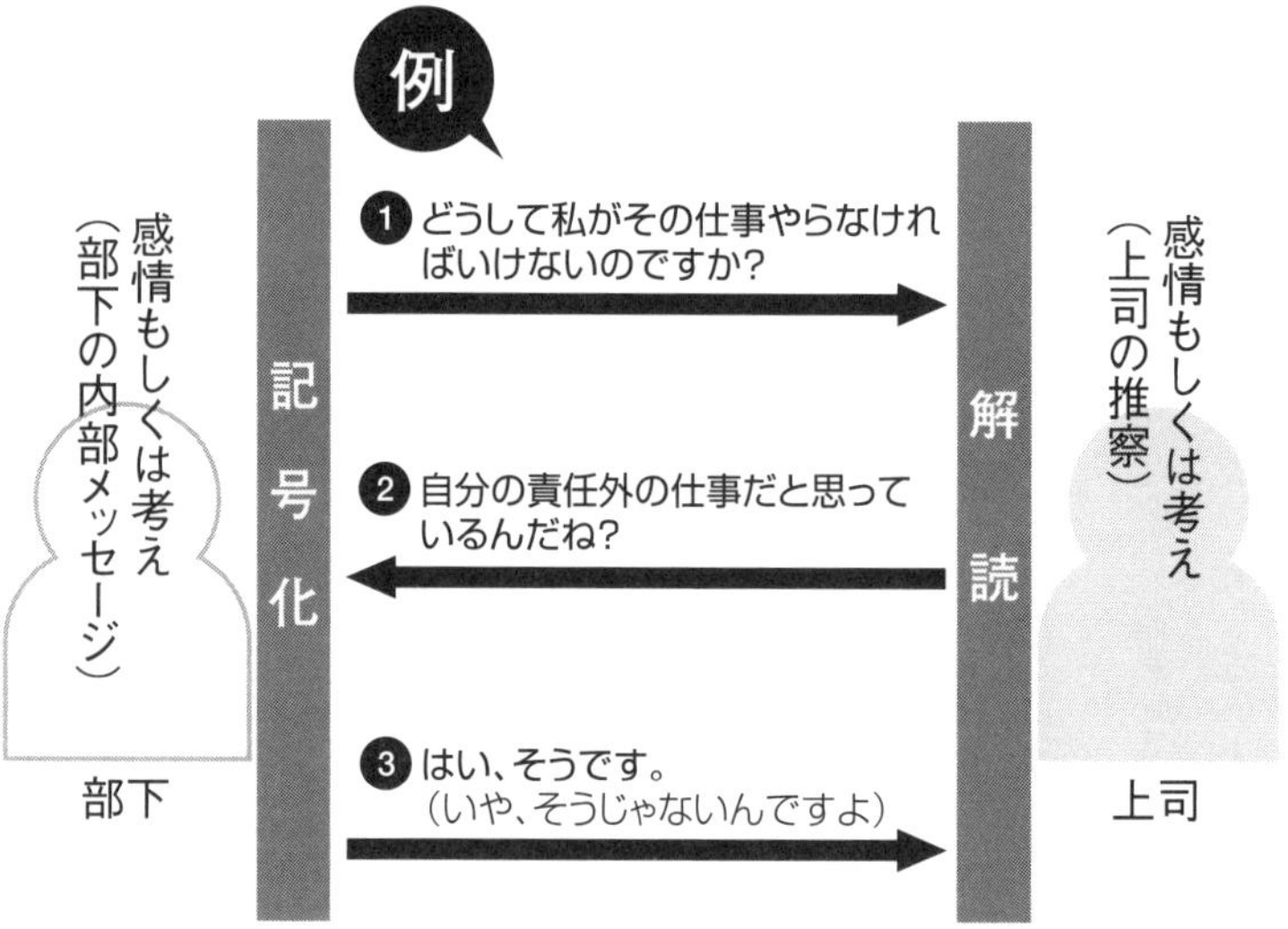
例
感情もしくは考え
（部下の内部メッセージ）
部下
記号化
❶どうして私がその仕事やらなければいけないのですか？
❷自分の責任外の仕事だと思っているんだね？
❸はい、そうです。
（いや、そうじゃないんですよ）
解読
感情もしくは考え
（上司の推察）
上司

下からボールを受け取ったら、まずそれが何色なのかを判断して、正しい色のボールを返してあげましょう。

Point　できる上司になるために⑬

▼部下をやる気にさせ、自ら行動するようにもっていくときに、「過去と未来の棚卸し」は有効だ。

▼過去と未来の棚卸しが終わったら、希望する未来像に到達するためには、どんな条件が必要なのかを考えさせる。目的をもっていなかった部下が初めて仕事をする目的を見出すのである。

▼部下の話をじっくりと聞き、目的、目標が設定されるまでのプロセスを共有することに意味があるのだ。そのためにはパッシブリスニングとアクティブリスニングを心がける。

▼話を聞く態度が大事。「あなたの話をきちんと聞いていますよ」というメッセージを伝える。

▼会話はドッジボールではなく、キャッチボール。白いボールを受け取ったら、白いボールを返すことが大切。

部下を平等に扱うな

◉部下のタイプでマネジメントは変わる

部下にはいろいろなタイプがいます。性格的な違いもあれば、モチベーションも違うし、能力や経験値もさまざまです。

違ったタイプの部下に対して、それぞれマネジメントを変えるのは、むしろ当然のことでしょう。どんな部下に対しても平等に、まったく同じマネジメントをすることのほうが、おかしいですよね。

私は部下を見極めるとき、この人は、**「ティーチング」**が必要なのか、**「コーチング」**が必要なのか、あるいは仕事を任せてしまう**「委任」**の段階なのかを考えます。

コーチングというのは、コミュニケーション手法でもあるので、いろんな段階で登場しますが、ここでは仕事において、「君はどう思う？」と質問をすれば、何かしらの答えが返ってくるようなレベルです。

仮に、新入社員に仕事を与えて、「この仕事のやり方について、君はどう思う？」といきなり尋ねても、ポカンとしてしまうでしょう。新入社員にはコーチングではなく、ティーチングが必要なのです。

また、スキルや経験が豊富な人なら、必ず委任というわけでもありません。まったく新しい仕事を与えるときには、どんなに優秀な人にも、ティーチングやコーチングが必要なこともあります。

つまり、マネジメントを考えるときは、相手と事柄（与える仕事）の両方を見比べます。

さらに、どんな仕事の与え方をすれば、やる気が起こるのかという点も考えます。たとえば、上司が仕事の中身や目標など、すべてを明確にして、事細かに説明してあげることで、やる気を出すタイプもいれば、上司と部下が一緒になって仕事の中身を明確にすることでモチベーションが出るという人もいます。

また、仕事の中身については部下に考えさせ、そのあとで上司と部下で共有するというやり方が向いているというタイプもいます。そうかと思えば、「おまえならできるよ。よろしくな」とスパッと渡すことで、燃えるタイプもいます。

「○○課長の仕事の振り方って、やりにくくない？」

「えっ、私は結構いいと思うけど…」

いまは上司であるあなたも、部下時代にこんな会話をしたことがありませんか？

上司と部下というのも人間関係の世界なので、どうしても相性の問題は出てきます。だからといって、「あいつがやる気にならないのは自分と相性が悪いからだ」と、簡単にかたづけるわけにはいきません。上司であるからには、相手をきちんと見極めて、その人に合う仕事の与え方をし、マネジメントの仕方も変えていく必要があります。

◉指示をしても部下が動かないのはなぜ？

部下に仕事を与えるポイントは、**5W2H（いつ、どこで、何を、誰が、なぜ、どうやって、いくらで）**、**QQCDR（質、量、コスト、期日、ルール）**を明確にすることです。

これらの項目をきちんと伝え、部下と上司で共通認識をもっておくと、仕事はうまくいきます。

ですが、これらの項目すべてを伝えたとしても、部下が動かないことがあります。そのケースの多くは、部下が不安、疑問、異論（反論）のうちのどれかをもっているときです。

■部下に仕事を与えるポイント

5W2H

- **When**（いつ）
- **Where**（どこで）
- **What**（何を）
- **Who**（誰が）
- **Why**（なぜ）
- **How**（どうやって）
- **How Much**（いくらで）

QQCDR

- **Quality**（質）
- **Quantity**（量）
- **Cost**（コスト）
- **Dead line**（期日）
- **Rule**（ルール）

つまり、部下に仕事を与えるときには、この三つがないかを確認します。

「君にこの仕事をやってほしい」というだけでなく、なぜその仕事が必要なのか、なぜ君にやってほしいのか、君のどの部分を信頼していて、どんな期待を寄せているのかをきちんと伝えることで、部下が動かない三大要因が解消されることも多いでしょう。

上司というのは、会社の戦略、自分の思いや考えが部下にも理解されていると勘違いしがちです。でも、それらをきちんと説明し、伝える努力をしなければ、部下には理解できないし、納得もできません。

仕事内容と部下の特性をきちんと考えて仕事を与えているなら、その理由、期待している部分などもしっかり伝えましょう。労を惜しまずきちんと部下に伝えれば、それだけモチベーションが上がり、行動も、成果も違ってきます。

◉コミュニケーションギャップを埋めるコツ

上司と部下にはコミュニケーションギャップがあるものです。これは仕事を与えるときに限らず、常に上司と部下との間には、認識のズレがあるのです。

ある雑誌に、「上下関係の亀裂」について、おもしろいアンケート記事が載っていました。役員を含めた上司の人達へのアンケートで、「部下との間に人間関係が悪化したことが一度もない」または「一度くらいならある」と答えた人が、六〇パーセントでした。しかし部下へのアンケートでは、「人間関係が何度も悪化したことがある」または「数回はある」と答えた人が七〇パーセントもあったのです。上司が部下に対して感じていることと、部下が上司に対して思っていることには、大きなギャップがあるということです。

上司と部下のコミュニケーション・ギャップは、どうしても避けられないのが現実です。しかし、それを埋める努力は必要です。そのためには、上司と部下がお互いになすべきことがあります。

そもそも、会社全体の仕事の流れとは、会社の戦略が上司に降り、それを部門の戦略として組み直し、さらに部下に降ろしていくというものです。

この流れのなかで、**上司と部下のコミュニケーションギャップを埋めるには、まずは上司自身が会社から何を求められているのかを部下に説明し、上司と部下で共有する必要があります。**

そして、その次の段階として、上司が会社から求められているものを分解し、そのうちの一部を「きみにやってほしいんだけど」と説明するのです。

案外、上司は自分が会社から求められている部分について、部下に説明をしていないケースが多いものです。部下に与える仕事、あるいは部下に求める部分だけを説明すればいいと思ってしまいます。そうではなく、会社から自分（上司）が求められていることは何で、そのうちのどの部分を部下に求めているか、という大きな流れを、上司と部下で共有することが大切です。

次に、部下は上司に、「どんな上司であってほしいのか」、「上司は部下にどんな部下であってほしいのか」をきちんと伝え合うことです。

部下が上司に、「こういうことができる上司であってほしい」とか、「こんなケースでは、こういうふうに考えてほしい」などと伝えるのです。反対に上司は部下に、「このくらいのことができるようになってほしい」とか、「このような場合には、こういう考えで対処してほしい」という具合に話をします。

私の経験では、部下の話を聞いていると、「ああ、そんな上司であってほしいのか」とか、「えっ、なんでそんな上司がいいの？」と思うこともあります。それでも、まずは聞くことが大切です。

部下から希望を聞いたからといって、そのすべてに応えてあげられるわけではありません。上司にだってできることとできないことがあるし、人間的に可能だとしても、ビジネス上の理由で、部下の希望を受け入れられないことだってたくさんあるでしょう。ただ、部下にしても一〇〇パーセント理想の上司になってくれるとは、さすがに思っていないはずです。

ここで大切なのは、どの部分が応えられて、どの部分は応えられないということをはっきりと伝えることです。さらに、応えられない部分においては、その理由も説明します。お互いが理想の存在になることはできませんが、どの部分はOKで、どの部分はこういう理由でダメ、という共通理解がとれていることが大切です。

◉「マネジメントポリシー」という新しい価値観

お互いの希望をはっきり確認できれば、「よし、こういうふうにやっていこう」という新しい価値観が生まれます。それは、上司だけがもっている認識でもなく、部下だけの思い込みでもありません。

これは夫婦関係とよく似ています。

結婚をしたとき、夫は理想の妻像を描いているし、妻も理想の夫を想像します。ですが、理想を押しつけ合っていては、なかなかうまくはいきませんよね。そもそも相手が求めていることがわからずに、大げんかになって初めて、「え、そんなことがしてほしかったの」

とわかるなんてことが、よくあります。

そうならないためにも、**お互いが求めていることをはっきりと伝え合い、できること、できないことを明確にして、新たな価値観をつくっていく**のです。

ビジネスの現場では、この価値観こそが「マネジメントポリシー」となります。

上司がマネジメントポリシーをきちんと伝えることは大切です。ですが、それが部下とのコミュニケーションのなかから生まれたものでなければ、上司が一方的に発信するものになってしまいます。結局は、上司の押しつけとなり、部下のモチベーションを下げるきっかけになります。

じつに当たり前な結論ですが、部下とのコミュニケーションギャップを埋めるには、やはりコミュニケーションをとり、共通理解のとれた新たな価値観を作り上げることです。

マネジメントポリシーが明確になったら、ぜひそれを部内に貼り出してください。私が貼り出していたマネジメントポリシーの例が147ページのものです。こうしたものが貼り出してあれば、部下は「○○さんは、このマネジメントポリシーによって、こういう発言をしているんだな」、「こういったマネジメントポリシーに従って行動しているんだな」と納得してくれるでしょう。

■嶋津のマネジメントポリシー（当時）

「部下への最大の貢献は、
目標達成をさせてあげること」

❶ 自由と規律のバランスを保つ 

❷ 自ら動こうとする環境に配慮する 

❸ 実力主義 

❹ コミュニケーション 

❺ 説明責任と結果責任 

❻ 自分にしかできない仕事にフォーカスする（権限移譲）

❼ 徹底した「行動」の質・量の追求 

❽ 目的・目標思考 

Point できる上司になるために⑭

▼仕事を与えるときには、仕事内容と人とをきちんと見極める。

▼その部下がその仕事をする際、「ティーチング」が必要なのか、「コーチング」が必要なのか、あるいは「委任」の段階なのかを考える。

▼どんな仕事の与え方をすれば、やる気が起こるのかは人それぞれである。

▼コミュニケーションギャップを埋めるために、会社から上司自身が求められていることを部下に説明し、共有する。その上で、上司が部下に求めるものを説明し、共有する。

▼どんな上司であってほしいのか、どんな部下であってほしいのかを話し合い、理解し合うことが大切。

▼部下が動かないケースの多くは、部下が不安、疑問、異論（反論）のうちのどれかをもっている。

▼マネジメントポリシーを貼り出して、行動や発言の源となっていることを理解させる。

第4章　できる上司の「部下育成」のルール

「KKDマネジメント」には限界がある

◉ぐいぐい引っ張っていくだけの上司では…

まわりを見てください。上司にはいろんなタイプがいますよね。ぐいぐいと部下を引っ張っていく上司もいれば、部下の後ろからサポートする上司もいます。どちらが正しくて、どちらが間違っていると決めるのは、至難の業だと思います。

ここでは、ぐいぐいと引っ張るタイプから、サポートするタイプへと転向した私の経験を聞いてください。

私が会社に勤めていたころ、初めてマネジャーとして一つの部門を任されたときの話です。私は営業関係の仕事をしていたのですが、入社したころから営業成績がよく、二四歳の若さでマネジャーになりました。マネジャーになって三か月後に、全国で売上を競うコンクールが開催されました。コンクールはこれまでに何度も行なわれていましたが、私がマネジャーとして経験する初めてのコンクールです。そこでなんと、私の部門は全国一位に輝いたのです。

こうした経験から、私は絶対の自信をもち、オレのいうとおりにしていれば間違いないと部下たちをぐいぐい引っ張り、さらに業績を上げようと躍起になっていきました。

ところが、それから何年かすると業績はだんだんと低迷していきました。もちろん高いレベルは保っていましたが、とても一位をとれるような部門ではなくなっていたのです。部下がさぼっているという噂もちらほら耳にするようになり、私自身も部下がついてきていないことを実感するようになっていきました。

◉「ＫＫＤマネジメント」は長続きしない

いまから考えれば、業績が下がったのも当然だと思うのです。そのとき私がやっていたのは、「ＫＫＤマネジメント」でした。ＫＫＤマネジメントとは、次の三語の頭文字をとった私の造語で、「恐怖」、「脅迫」、「ドツキ」によるマネジメントです。

当時の私は、「上司が部下にしてやれる最大の貢献は、部下に目標を達成させてあげること」と思っていました。

その考え自体は、間違ってはいないでしょう。部下だって目標が達成できればうれしいですし、実際、給料・賞与が上がり、昇進する部下をたくさん輩出しました。

ただ、私が間違っていたと思うのは、部下に目標を達成させるためなら、どんなことをしても構わないと思っていた点です。ＫＫＤだろうがなんだろうが、目標が達成できるならいいじゃないかと考えていたのです。部下がどう思うかなんてまったく考えていませんでしたし、部下がどんな反応を示すかなんて、まるで興味がありませんでした。

営業時代にうまくいった経験と、初期のマネジメントで成功したことで、私は、**努力の量、質、方向が正しければ、誰でも結果を残すことができる**と信じていました（これはいまでも信じています）。

そして、私は正しい量、質、方向を知っていました。それなら、「私のいうとおりにしていれば、うまくいくに決まっている」。そんな考えのもと、私は部下に対してＫＫＤマネジメントをやっていたのです。当時の私は自分の経験の正しさを誇るあまり、その「やり方」の正しさには思いが至りませんでした。部下がついてこなくなったのも当たり前かもしれません。

余談になりますが、いまでも当時の部下と酒を飲むと、彼らは決まって私のものまねをします。みんなの前で叫びまくっている私、ホワイトボード用のマーカーを投げたら、部下の向こう側にいた事務の女性にあたったときのこと、ゴミ箱を蹴っ飛ばしたら、一緒に靴まで飛んだシーンなど、部下たちは大盛り上がりです。

いまでこそ笑い話ですが、それが当時の私の姿でした。でも、そんなふうに強制しても、部下は動きません。一時的にはうまくいくこともありましたが、長続きはしませんでした。

もし、このスタイルで現在成功している人も、きっといつか限界がくるでしょう。そのことを頭に置いておいてください。**強烈なリーダーシップは、上司の魅力の一つですが、その部分だけでマネジメントをしてはいけません。**何度もお話してきたとおり、人間がもっとも力を発揮するのは、自ら行動したときなのですから。

Point　できる上司になるために⑮

▼ＫＫＤ（恐怖、脅迫、ドツキ）マネジメントでは、いったんはうまくいっても、長続きはしない。
▼人間がもっとも力を発揮するのは、自ら行動したときである。
▼上司が部下にしてやれる最大の貢献は、部下に目標を達成させてあげること。
▼努力の質、量、方向が正しければ、誰でも成果を上げることができる。

⇩ 部下を育てる褒め方・叱り方

◉部下を育てる「やる気の善循環システム」

人がやる気になるのには、ある流れがあります。それは、「責任ある仕事」↓「達成感」↓「評価（承認）」↓「成長」という循環です。これを「やる気の善循環システム」といいます。

アメリカのある学者が唱えた説ですが、私もこれに賛成です。

責任ある仕事を与えて、それを成し遂げることによって部下が成長するという話はいくらでも聞いたことがあるし、目の前でそんな部下を見てきた人もいるでしょう。ですが、その途中には必ず「評価」があるはずです。

どんなに責任ある仕事を成し遂げたとしても、まったく評価されなければ、その後のや

■やる気の善循環システム

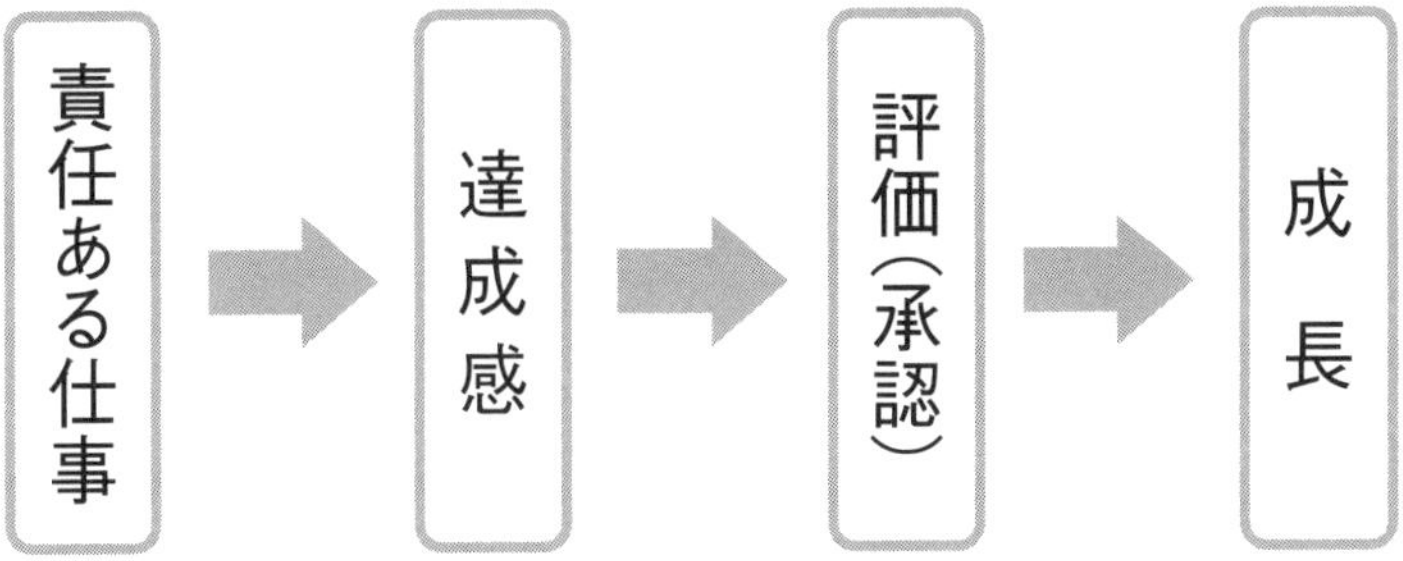

部下が育つ！

る気はなくなります。少なくとも長期にわたって、やる気を持ち続けることはできないでしょう。ですから、評価することを忘れてはいけないのです。

◉会社の評価システムを、あなたは理解してますか？

あなたの部下は、会社の評価システムを理解していますか？

そして、あなた自身は、会社の評価システムを理解していますか？

上司が会社の評価システムを知らずに、部下を勝手に評価していたのでは、会社と上司の評価は一致しません。

部下に評価システムを理解させるのも、

上司の仕事です。上司というのは、部下のやる気の善循環システムをぐるぐる回してやるのが仕事なのです。だから、そのなかに含まれている「評価」にも、責任をもつべきでしょう。

もし、会社の評価システムを知らない、あるいは意識していなかったという人は、この機会に確認して、しっかりと部下に伝えてください。

ただ、これをやるには、会社が評価システムをオープンにしていることが前提です。会社によっては評価システムを公表していないところもありますが、私はオープンにすべきだと思います。個人の評価はクローズでも、評価システムはオープンに。これが基本だと思います。

◉評価と指導は「一本道」にする

会社の評価と上司の指導には一貫性が必要です。

上司はさまざまなシーンで、部下に指導し、努力させます。同じ努力をさせるなら、会社に評価されるような努力をさせたほうが部下のためになります。そのためにも上司は会社の評価システムをいつも頭に置いておくべきです。

もし仮に、会社の評価システムに疑問をもっていて、あなたの考えと違うところがあったとしても、それはあなたと会社（あるいはもっと上の上司）の問題で、部下には関係ありません。あなたが上に掛け合うことなしに、自分の考えに基づいて勝手に指導を始めたら、部下にとっては迷惑な話です。

ここまで極端でなくても、会社の評価システムを意識していないと、ちょっとしたところで、これと似たような状況が起こります。上司の指導にそって仕事をしているのに、会社には評価されないというのは悲惨です。これでは、やる気の善循環システムをスムーズに回すどころか、上司自らが障害をつくっているようなものです。

会社の評価システムと自分の指導内容には一貫性をもたせます。上司である限り、この点は絶対に守らなければなりません。

◉褒めると叱るは「バランスシート」

評価というと、大変な仕事のように思う人が多いのですが、仕事がうまくいった部下に、「よくやったね」、「おめでとう」と一声かけるのも立派な評価です。ですが、日本人は褒めるのが苦手です。あなたは158ページのドーナッツの図を見て、どんなことを感じます

■欠けたドーナッツ

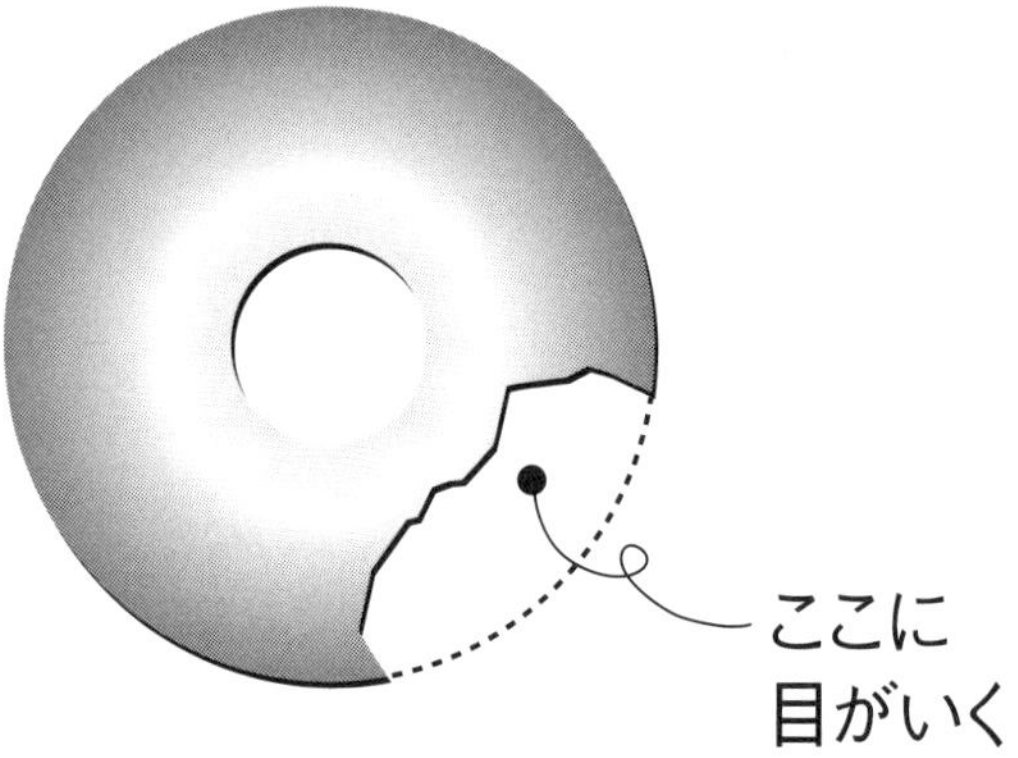

か？

欠けた部分が気になりませんでしたか？　これはものをどう見るかということで、人を見るときも、同じように見ているのです。つまり、相手の悪いところばかりに目がいき、気になってしまうということです。

私は管理職研修をするとき、A、B、Cという三人の部長のマネジメントパターンを示して、それぞれのよいところ、悪いところを書いてもらうようにしています。

すると必ずといっていいほど、同じような傾向が現れます。よいところが一つ出ると、悪いところが三つ出てくるのです。これもまた、悪いところにばかりに目がいく人の習性といえるでしょう。

やる気の善循環システムにある評価をす

るためには、よいところを見つける必要があります。

仮によいところを一つ見つけても、同時に三つの悪いところを指摘されたら、部下は評価されたと思うでしょうか。むしろ、「さんざん、注意されちゃったよ」と感じるはずです。これでは、やる気の善循環システムは回りません。

私はよく**「褒めると叱るはバランスシート」**といっています。バランスシート（貸借対照表）とは、決算書の一つですが、左右（左が資産で、右が負債＋資本）の金額が常に一致していなければならないという原則があります。つまり、褒めると叱るも同量がいいのです。

ところが人間は悪いところばかりを見ているので、つい叱る量が増えてしまいます。それを防ぐには、意識的によいところを見つけ、褒めてあげるようにします。

誤解してほしくないのですが、私は、「とにかく褒めて、人を育てるべき」といっているわけではありません。いろいろなところで、「人は褒めて育てましょう」ということが盛んにいわれていますが、私は叱ることも大切だと思っています。褒めるだけでは、人は育ちません。

ですが、人間は意識をしないと叱る量ばかりが増えてしまうので、意識して褒める量を増やす必要があるといいたいのです。

◉褒め方、叱り方で大切なポイント

褒めるにしても、叱るにしても、大切なのは、「事実に基づいている」ということです。
部下のどの行動を賞賛しているのか、あるいは問題があったのかという点を明確にして、具体的な事実にそって褒めたり、叱ったりすべきです。

やらなければならない行動を部下が起こさなかったときには、「どうしたらできたと思う?」と、目の前の行動について話をします。

そのときに、上司自身の価値判断を加えたり、非難したりしてはいけません。「おまえはいつもそうじゃないか」、「前もそうだったじゃないか」という言い方には「非難」が入っていますし、どの行動について話をしているのか不明確です。こういう言われ方をすると、部下は納得できません。

さらに、褒めたり、叱ったりするときには、どんな影響があるのかを具体的に伝え、上司自身がどんな感情をもったのかを素直に表明することが大切です。

たとえば、「電話は三コール以内で取ろう」という話をした翌日、ある部下が三コール以内で電話をとったとします。

その場合には、「いま、君は三コール以内で電話をとったね(事実が明確)。君がそうし

■褒める・叱るの三要素

事実 ➡ **影響** ➡ **感情**

部下の
よい行動、
悪い行動

周囲の
社員への
よい影響、
悪い影響

上司は
よく思ったのか、
悪く思ったのか

てくれるおかげで、周りの人の意識も高まるし、お客様も気持ちよかったと思うよ（周囲への影響）。私は非常に嬉しかったよ。ありがとう（上司の感情）。」という感じです。

一方、三コール以内で電話をとらなかった人には、「いま、君は三コール以内でとらなかったね（事実）。君がそうしていると、周りにも悪い影響を与えるし、君の部下は自分も三コールでとらなくてもいいと思うようになってしまうよ（影響）。私は非常に残念だった（感情）」となります。

上司が部下を褒めたり、叱ったりすることは多いでしょう。そのときには、ぜひ具体的な**事実**、**影響**、**感情**という三要素を意識してください。

◉できない部下にも責任をもて

現実問題として、多くの部下を見ていれば、褒めるところがたくさんある人もいれば、残念ながら、あまり褒めるところが見あたらない人もいるでしょう。ですが、どんなによいところが見あたらない部下でも、自分のもとで働いている以上、意識して褒めるところを探さなければなりません。

通常、褒めるところが少ない人ほど、やる気もないものです。ですから、**やる気の善循環システムを回してあげる必要があるのは、むしろできない部下**ということになります。

たいていの人は、できる部下を評価して、できない部下は評価しないでしょう。それではできない部下は成長しません。部下の育成は上司に課せられた責任ですから、「あいつはダメだから…」とあきらめるということは、上司の仕事を放棄したも同然です。絶対に見捨ててはいけません。

私も部下をもつ上司たちから、「あいつはダメだ」というような話を聞かされたことが何度もありました。そんなとき、私は必ずこういってきました。

「部下がダメなのは、上司の責任だよ。あきらめて切り捨てるということは、自分の責任を放棄しているのと一緒だよ」

そして、どうしても評価できない部下に対しては、自分の責任で辞めさせるなり、異動させるなりすべきです。部下にしてみれば、直属の上司に認められないほど、辛いことはないでしょう。モチベーションは上がらないし、業績も上げられません。そんな悪循環のなかで仕事をするほど、不幸なことはありません。そんな状況で部下を飼い殺しにするくらいなら、別の上司のところで働かせてあげたほうがいいではないですか。

もし、あなたができる部下を評価し、できない部下を評価していないなら、ぜひ考え直してください。意識してでも評価すべきなのは、できない部下のほうかもしれません。

Point　できる上司になるために⑯

▼上司は、やる気の善循環システムを理解する。
▼会社の評価と上司の指導は一致しなくてはいけない。
▼部下に努力させるなら、会社に評価される努力をするように、マネジメントする。
▼つい悪い点に目がいきがちなので、褒めるのと叱るのを同じ量にするためにも、意識的によい点を探すようにする。
▼褒め方、叱り方のポイントは、具体的な事実、影響、感情の三要素を押さえること。

魔法の行動管理ツール「Z型フォーマット」

◉監視では行動を管理できない

前にお話ししたように、会社における戦略の実行率は一〇パーセントに過ぎません。これは、人がいかに決めたことを行動に移すことができないかを如実に表しています。

でも、こんな数字を見せられるまでもなく、あなたは部下に対し、「なぜ、彼は決めたことをちっともやらないのだろう」と、日頃からストレスを感じているかもしれません。

私自身も、その仕事をやらないと業績が上げられないとわかっているのに、あるいはその仕事をしないと信頼を失うことがわかっているのに、動かない部下を見て、「なぜやらないんだろうか」と思ったことが何度もあります。

単純な話をすると、「研修の感想文を来週の月曜日までに提出」といっても、出さない人がいます。感想文を出すというのは、忘れてさえいなければ、絶対にできます。たとえ二、三行であっても、書いて出せばいいのに、それでも出さない人は出しません。

行動が成果を変えるという大原則に立ち戻るなら、やはり部下の行動を管理することが大切です。

行動を管理するうえで、もっとも手っ取り早いのは、「いいから、やれ、」「とにかく、やれ」といいながら、目の前で監視することでしょうか。でも、これでは強制しているだけです。自ら行動するという状態とはほど遠く、長続きしないでしょうし、監視をやめてしまったら、すぐに行動しなくなるでしょう。

では、どうすればよいのでしょうか？

◉Ｚ型フォーマットで行動と結果を共有する

私は部下の行動管理をするツールとして、自ら開発した「Ｚ型フォーマット」というものを使っています。

Ｚ型フォーマットは、一か月の行動をＡ４サイズの用紙一枚でまとめる、行動管理シートです。

まず、Z型フォーマットは次の四つの要素で構成されています。

①今週の目標
②目標達成に必要な行動
③結果
④実際にやった行動

これだけです。とてもシンプルでしょう。

この四つがワンセットとなって、一週間分の行動を管理します。そして、これが四週間分集まって、一枚のZ型フォーマットが完成します。

そもそも、Z型フォーマットが誕生したのは、会議で決まった内容が、きちんと実行できているかをチェックしようと思ったことがきっかけでした。

これは多くの会社に共通していることだと思いますが、会議での議論は活発に行なわれるのに、決まったことが実際に行動されているかどうかを管理していないことが、とても多いようです。ある月に、「それではこういうことをやろう」と決まったのに、翌月になるとその件はすっかり忘れられているなんてことはありませんか?

■Z型フォーマット（例）

名前：＿＿＿＿＿＿＿＿＿＿

今期の全社的最重要目標　　現在までの結果：
（尺度：　　　）　　期限:200　年　月　日

あなたの今四半期の最重要目標　　現在までの結果：
（尺度：　　　）　　期限:200　年　月　日

あなたの今月の最重要目標　　現在までの結果：
（尺度：　　　）　　期限:200　年　月　日

▶アクション（成果の80%を生む、20%のアクションにフォーカスする）　　月　日

具体的アクションプラン（行動を極力数値化して記入）	目的	成果目標	期限

詳細ステータス（何をして、どういう結果を出したか？）

▶アクション（成果の80%を生む、20%のアクションにフォーカスする）　　月　日

具体的アクションプラン（行動を極力数値化して記入）	目的	成果目標	期限

詳細ステータス（何をして、どういう結果を出したか？）

▶アクション（成果の80%を生む、20%のアクションにフォーカスする）　　月　日

具体的アクションプラン（行動を極力数値化して記入）	目的	成果目標	期限

詳細ステータス（何をして、どういう結果を出したか？）

▶アクション（成果の80%を生む、20%のアクションにフォーカスする）　　月　日

具体的アクションプラン（行動を極力数値化して記入）	目的	成果目標	期限

詳細ステータス（何をして、どういう結果を出したか？）

これでは会議の意味がありません。行動が管理され、その行動がどんな結果を生んだかがわかっているからこそ、次の行動を考えることができるのです。

そこで私は、会議で決まったことを実行に移せたかどうかチェックするツールとして、Z型フォーマットをつくりました。実際につかってみると、たいへん便利で、あらゆる行動管理につかえることがわかりました。

◉「八・二の法則」を利用して優先順位を決める

実際の記入方法について説明します。

まずは週の終わりに、翌週の目標とそのためにやるべき行動を記入します。

ここでのポイントは、**目標達成に必要な行動（仕事）のうち、上位二〇パーセントだけを記入すること**です。

これは前にお話しした「八・二の法則」の応用で、個人の仕事の場合でも、とくに大切な二〇パーセントの行動が、八〇パーセントの業績につながっていると考えられるからです。ですから、やるべき行動の欄には、大切だと考える二〇パーセントの行動予定だけを書いておけば、八〇パーセントの結果を管理できるようになるのです。

上位二〇パーセントの仕事のみを記入することには、もう一つ理由があります。私のマネジメントポリシーの一つに、「自由と規律のバランス」があります。部下の仕事を一から一〇まで管理してしまうのは、よいことではありません。そんなやり方では、管理される部下も、管理する上司も疲れてしまいます。

自由と規律のバランスをとるためにも、Z型フォーマットでは、すべてを管理するのではなく、上位二〇パーセントを管理し、残りの八〇パーセントは部下の自由にやってもらいます。

◉フォーマットに具体性をもたせるには？

目標や行動を記入する際、具体的な数値を入れて、どういう目標、どういう行動なのかを明らかにします。たとえば、「見込み客に電話をする」ではなく、「見込み客一〇人に電話をする」と書きます。

さらに、Z型フォーマットは、上司と部下が目標や行動を共有するためのものなので、**誰が読んでも解釈が同じになるような書き方を工夫**します。

先ほどの例でいえば、「見込み客一〇人に電話をする」というよりも、「新規、Aクラスの見込み客一〇人に電話をする」と具体的に書きます。上司がZ型フォーマットを見て、部下の行動している姿がリアルにイメージできること、そして同じイメージを部下ももてるということが大切なのです。

そして、一週間が経ったら、目標に対して実際どんな結果が得られたのか、実際どんな行動をしたのかを記入します。同時に、翌週の目標と行動も記入し、再び上司に提出し、共有します。

目標、やるべき行動、結果、実際の行動という四つの要素がひと目でわかれば、上司と部下が話し合うポイントは明らかになります。

◉「事実」に基づいて部下と話をする

Z型フォーマットは、上司と部下のコミュニケーションツールでもあります。

褒め方、叱り方のところでも触れましたが、上司は、部下に対して「印象」で話をしてしまうことが多いようです。

行動がともなっていないと感じている部下に、「おまえは、いつもそうじゃないか」と注意してしまうことがありませんか？　でも、部下にしてみれば、「いつもってわけじゃないでしょう」、「そう思っているのはアンタだけでしょ」と思っているかもしれません。だからこそ、**褒めるにしても叱るにしても、「事実」に基づいて話をすることが大切な**のです。人は事実に基づいて話をされたら、納得せざるを得ないのです。

事実を明らかにするという意味でも、Z型フォーマットは有効です。やるべきこと、やったことが明らかになっているので、「『やるべき行動』にあげたことが、どうしたら、できたと思う?」などと話をすることができます。

つまり、事実を注意し、事実を評価することができるのです。

◉Z型フォーマットで行動のトレンドが見えてくる

Z型フォーマットを数か月間使い続けると、部下の行動のトレンドが見えてきます。

この人は行動すると決めたことの二割くらいしか実行できない、この人は行動すると決めたことは完璧に実行しているのに結果を出せていない、結果はきちんと出しているのに実際の行動は予定とはずいぶん違うなど、部下によって行動のトレンドはずいぶん異なります。

部下の行動トレンドがわかると、面談でのアドバイスも変わってきます。

たとえば、完璧に行動しているのに、結果が出ていないということは、目標に対して、やるべき行動の設定方法が間違っているのです。

行動というのは、正しい質、量、方向で行なえば、必ず結果が出るものです。つまり、そのどこかに問題があるから、結果が出ていないのでしょう。したがって、その部下とは、「いかにやるべき行動を設定するか」という点にフォーカスして話をすればよいのです。どんな考えで、どんな行動が必要だと判断しているのかについて、部下の意見を聞き、上司として別のアプローチ法をアドバイスすることもできます。

また、結果は残しているのに、予定と実際の行動が異なるタイプには、「なぜ、そのような行動をとったのか」を聞いてみます。しっかり考えて、行動予定を設定したにもかかわらず、実際仕事を始めると必要な行動が違うと気づくのであれば、見通しの甘さに問題があるのでしょう。

このタイプは、問題が目の前に起これば、臨機応変に対応できる能力をもっているともいえます。ですが、いい加減に行動予定を決め、いざ仕事をするときに初めて真剣に考えるというなら、計画の重要性を教える必要があります。

部下のトレンドが見えると、このような効果があります。評価ポイント、改善ポイント、すべてZ型フォーマットが教えてくれるのです。

◉導入時に注意すべきポイント

実際にZ型フォーマットを導入するときには、部下には意義や目的、期待できる効果などをきちんと説明しましょう。そこを理解してもらえず、「面倒な作業がまた一つ増えた」などと思われたままでは、Z型フォーマットは根付きません。

導入時の説明では、「行動が成果を変える」にもかかわらず「戦略実行率は一〇パーセントに過ぎない」などの話をして、いかに行動することが大切かを伝えることから始めましょう。

そして、目標や行動を部下と上司が共有することの重要性、事実に基づいて自分の仕事のやり方、自分のタイプなどを理解できることの意義、さらには大切な二〇パーセントの行動にフォーカスすることで、各自の仕事が整理されるメリットなどが、説明のポイントとなるでしょう。

私が顧問をしている会社の社長は、大切な二〇パーセントの行動にフォーカスするという点がもっとも価値があると話していました。毎週、Z型フォーマットを提出することにより、各自が自分の仕事を整理する意識をもち、重要な仕事を選別する能力を身につけたそうです。

そして、Z型フォーマットに限りませんが、**新しいことを導入するなら、まずは継続し、徹底することが大切**です。私の経験では、Z型フォーマットを導入し、軌道に乗ってきたと感じるまでには少なくとも二か月程度はかかります。最初は部下の反発もあるでしょうし、書き方がよくわからない、いい加減に書いてくるなどの問題もあるでしょう。

それでも上司は忍耐強く面談し、あきらめることなく続けることが大切なのです。

Z型フォーマットを導入したいという企業の担当者から、「導入するにあたって、一番大事なことはなんですか？」という質問を受けたとき、私はいつもこう答えています。

「大切なのは、やり抜くという強い気持ちと忍耐です」

Point できる上司になるために⑰

▼部下の行動管理をするツールとして「Z型フォーマット」は有効である。

▼「Z型フォーマット」で、目標、やるべき行動、結果、実際の行動という四要素がひと目でわかる。

▼部下に対しては、プロセスを管理して、結果を評価するという姿勢をもつべき。

▼「Z型フォーマット」は、部下の行動のトレンドが見える。

▼「Z型フォーマット」の導入時には継続、徹底が何よりも大切である。

第5章　できる上司の「組織」のルール

部下に叱られて組織は強くなる

◉誰もが意見をいえる環境をつくる

人は偉くなればなるほど、叱ってくれたり、意見をしてくれる人は少なくなっていくものです。

この本を読んでいる上司と呼ばれる人たちは、平社員のときよりも、叱ってくれる人、意見をしてくれる人が少なくなっているはずです。そして、これから昇進していけばいくほど、その傾向は強くなるでしょう。こう考えると、「社長は孤独な存在だ」といわれるのもうなずけます。

上司は、意見をいってくれる人が少なくなっていくにもかかわらず、重要な判断を下さなければならないシーンは増えていきます。この反比例構造は、地位の高い上司になれば

■上司の反比例構造

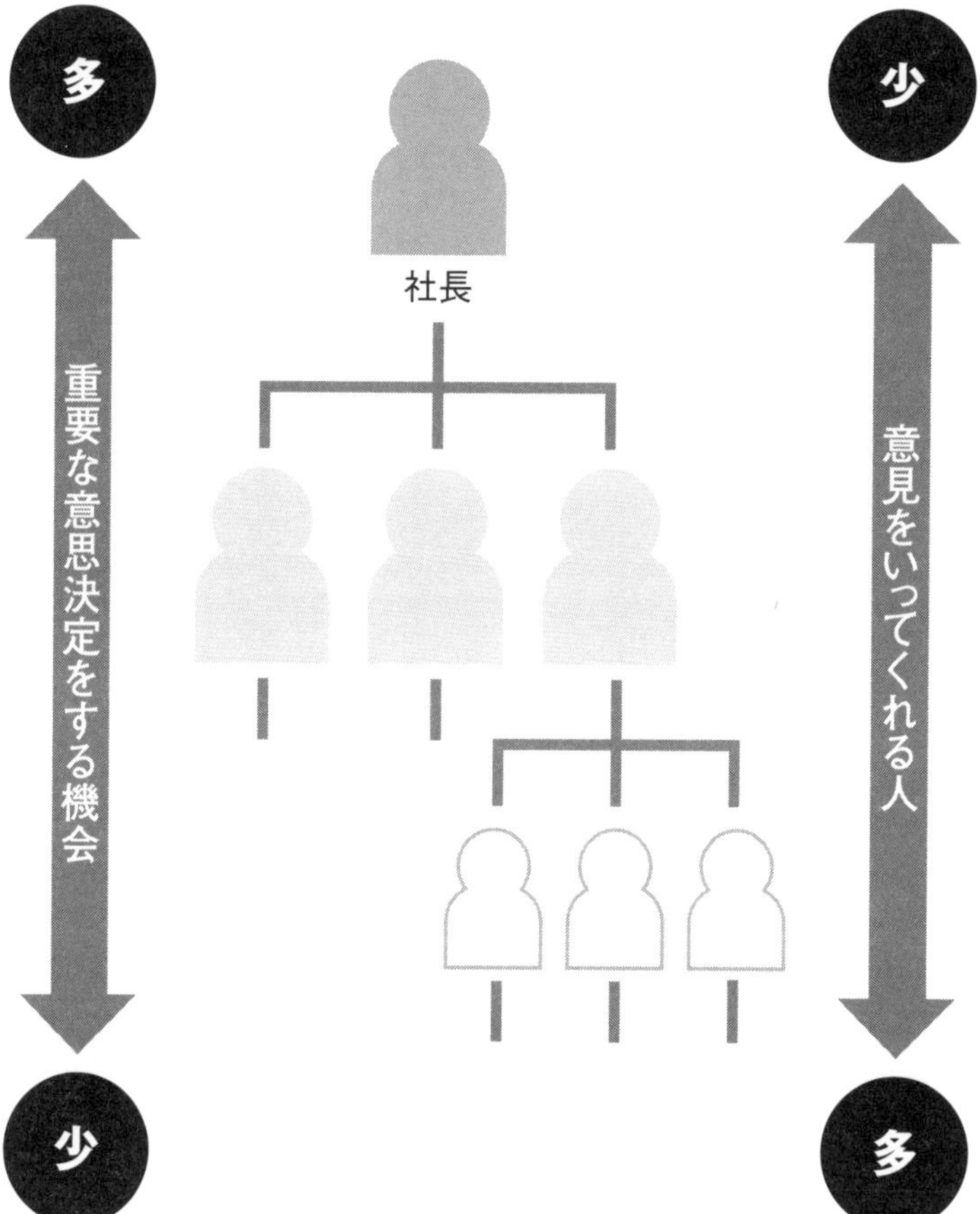
多
少
社長
重要な意思決定をする機会
意見をいってくれる人
少
多

なるほど強くなり、孤独な社長がもっとも重大で、もっとも社員に影響を及ぼす意思決定を行なっています。

ですが、判断を下すのが上司自身であっても、その材料となるアイデア、プロセスなど、すべてを自分一人で考えなければならないというわけではないでしょう。より多くの人が知恵を出し合い、考えをぶつけ合ったほうが、柔軟で、正確な判断ができるのです。

極論すれば、**より正しい判断を下すためには、誰もが意見のいえる環境である必要があります**。そして正しい判断を生む組織こそが、強い組織と成り得るのです。

◉ノックダウン寸前の悪口大会

私がまだ会社に勤めていたころ、私がマネジャーをしていた部門全員（四〇人～五〇人ほど）を集めて、私自身や会社に対する「悪口大会」をやったことがあります。

とんでもないことを思いついたものだと、いまとなっては自分でも思うのですが、部下の意見を引き出すにはこれしかないと、そのときは思ったのです。当時は、バリバリのKDマネジメントの時代で、ふと気がつくと、部下がついてきていなかったのです。そこで、誰もが意見のいえる環境を、どんなかたちでもいいからつくろうと思っての試みでした。

「さあ、悪口大会だ。遠慮なく俺や会社の悪口をいってくれ」

そんなふうに突然いわれても、「はい、そうですか」と上司の悪口を言い出す部下はいないでしょう。そこで私は前もって数人の部下を呼んで、「明日、悪口大会をやるから、ぜひ先陣を切ってオレや会社の悪口をいってくれないか」と頼んでおきました。

さらに、「まあ、なかなかいいにくいだろうから、いまからオレの欠点をいくつか紹介する。いうことに困ったら、そのあたりを責めてくれ」といって、自分への悪口をレクチャーしました。

我ながら、じつに入念な根回しだと思いますが、その甲斐あって翌日の悪口大会では、めでたく私は集中放火を浴びることとなりました。根回しをしたメンバーに始まり、その輪はどんどん広がって、私と会社の悪口のオンパレードとなったのです。

「嶋津さんのやり方は強引すぎるんですよ。私にはまったく理解できません」

「嶋津さんは白いものでも黒ということがある。とてもついていけない」

「この会社は、社員のことを大事にしているんですか？」

正直いって、私はノックダウン寸前でした。あなたは五〇人もの人間に囲まれて、悪口を言われ続けた経験はありますか？　おそらくないとは思いますが、これは本当に辛いものです。

そして、ひとしきり悪口を聞いた私は最後に、「みんなのいいたいことはわかった。これについて改善する点と、自分なりの考えがあって変えることができない点について、明日みんなに話をしよう」といって、翌日そのすべてを発表しました。

部下から意見をいわれたからといって、そのすべてを受け入れることはできません。上司としての考え方やマネジメント方法など、こちらの意図することを貫かなければならないことがあります。

ですが、その点についても、私は一つひとつ丁寧に説明することにしました。

私はあなたに悪口大会をすすめているわけではありません。ただ、**上司である限り、部下の意見、部下の本音はなかなか耳に入ってこない**ということをわかってほしいのです。

その一方で、多くの部下が意見をいえなければ、上司は正しい判断ができず、組織は弱くなってしまいます。

ですから上司は、部下が意見のいいやすい環境をつくらなくてはいけません。偉くなればなるほど、威厳を漂わせ、周囲を遠ざけてしまう上司を見かけることがありますが、それではいけません。偉くなるとは部下の意見から遠ざかることだと認識して、意図的に意見を聞くよう、部下に近づいてください。

◉あなたを叱ってくれる部下はいるか？

私は社長になってからも、部下にたしなめられたことが何度もありました。

あるとき、あまりやる気のなさそうな新入社員がいたので、「やる気がないんだったら、辞めたら」といったら、本当に翌日から会社へこなくなってしまいました。強い口調でいったわけでもなく、「そんなシケた顔をしてないで元気出せよ」と励ましたつもりだったのですが、私の考えはまったく伝わりませんでした。

その直後、私は部下から呼び出されました。忘れもしない、六本木のアマンドです。

「嶋津さん、あんな言い方をしたら、ダメですよ。僕たちは嶋津さんのことをよく知ってるから、元気づけようとしたのはわかりますけど、新入社員には理解不能ですよ。あんな言い方をしたら、逃げ場がなくなっちゃうじゃないですか」

もっともな指摘でした。この一連の出来事について、私は私なりの反省をしました。でも、意見してくれる部下がいるということが、私には何よりも嬉しいことでした。

私は起業を目指す人からアドバイスを求められたら、「**近くに自分を叱ってくれる人、はっきり意見をいってくれる人を置いたほうがいいですよ**」といっています。それは上司にもいえることだと思います。

自分の部下の顔を思い浮かべてください。あなたにはっきりと意見をいってくれる人はいますか？　そういう人がいるあなたは幸せです。その数が多ければ多いほど、あなたは正しい判断ができ、強い組織をつくることができるのです。

自分を叱ってくれたり、意見をいってくれたりする部下をもつには、それだけの人間関係が必要です。「この上司は自分の話を聞いてくれるんだ」という意識を部下にもたせるよう日頃から心がけてください。

Point　できる上司になるために⑱

▼正しい判断を下すためには、誰もが意見のいえる環境でなければならない。その環境をつくることが上司の仕事である。

▼上司である限り、部下の意見、本音の部分はなかなか耳に入ってこないということを自覚すべきである。

▼上司は、近くに自分を叱ってくれる部下、意見をはっきりいってくれる部下を置くべきである。

▼部下に叱ってもらったり、意見をいってもらうためには、普段から部下の話を聞き、「話を聞いてくれる上司」という認識を部下にもたせなければならない。

組織のまんなかに「理念」を置く

◉理念はなぜ必要なのか？

会社は理念を追求するために存在しています。その会社が何のために存在しているかを示しているのが理念です。

あなたは普段仕事をするなかで、経営理念を意識していますか？　会社によっては朝礼で理念を唱和しているところもあるでしょう。でも、「決まりだから、なんとなくやっている」という程度で、あまり心に残っていないのではないですか？

理念を意識することは、全社員にとって大切なことですが、上司ならなおさら理念を頭に置いておく必要があります。

なぜだと思いますか？

それは、**経営理念が会社における最高意思決定基準**だからです。

上司は、毎日毎日さまざまな意思決定を迫られます。

新しい事業を展開させるべきか、あるいは撤退させるべきかという経営の中枢に関する判断だけが、意思決定ではありません。Aという企画とBという企画のどちらを先にやるか、この仕事の担当者はC君にしようかD君にしようかなど、日常レベルでの意思決定もあります。これらすべての判断において、最終的な基準となるのが経営理念です。

判断を下す限り、上司には責任がともないます。結果責任もありますが、説明責任も含まれています。なぜ、その判断を下したかという理由を、上司は明確に説明する必要があります。これは、上司がさらに上の人に説明するというケースだけでなく、部下に対しても、説得力のある説明をして、理解を求めなくてはなりません。

そのためにも、判断の基準として、経営理念が必要なのです。その時々で、具体的な説明は違ってくるでしょうが、会社があるべき理想の姿に近づくために、この判断を下すというのが基本です。**判断基準に経営理念をもっていれば、考え方がぶれにくくなり、一貫した意思決定ができる**ようになります。

判断に一貫性があり、その根底に経営理念があることを部下に伝えれば、部下も経営理念を意識するようになるでしょう。

社員一人ひとりにも、意思決定の瞬間はあります。仕事上の意思決定を、それぞれの価値観で勝手にやっていたら、組織はまとまりません。各人が経営理念に基づいて、判断すれば、みんなが同じ方向を向くことになり、強い組織となるでしょう。

◉理念を見失った会社は弱い

ご存知のとおり、バブル期に不動産や証券に投資して、負債を抱えて大きなダメージを受けた会社はたくさんありました。私の知る限りでも、倒産に追い込まれた会社は数え切れないほどあります。

その原因の一つに、経営理念を見失っていたということがあるのではないでしょうか。バブル期に不動産や証券に投資したのは「儲かるから」でしょう。会社は利益を追求しているので、儲かることをするのは当然のようにも思いますが、はたして儲かることなら何をしてもいいのでしょうか。

バブル期に失敗した会社の多くは儲け主義に走り、経営理念を見失っていたように思えてしかたありません。最近起こっている企業不祥事のほとんどが、これと同じ現象ではないでしょうか。

私は常々、会社においてルールは人を縛る枠であり、理念は人を活かす軸であると思っています。**理念を見失うということは、会社が軸を失うこと**なのです。

バブル期において、不動産や証券を買いあさったことの是非はともかくとして、理念を見失ってはいけなかったのです。軸を失い、最終的な意思決定基準をないがしろにするようでは、何を頼りに判断していけばいいのかわからなくなります。

まともな意思決定ができるはずもなく、結果として判断を誤ってしまうでしょう。

◉理念を共有できていない組織が多すぎる

理念が共有できている組織は強いというお話をしてきたのですが、現実には、理念は驚くほど共有されていないもののようです。ここで、興味深い調査結果があるので紹介しましょう。

・自分の属する組織が達成しようとしていること、その理由をはっきり理解している人
↓三七％
・チームや組織の目標達成に熱意をもっている人↓二〇％
・自分の目下の課題とチームや組織の目標との間に明確な見通しをもっている人

↓二〇％

・週末に振り返ってみて、自分が成し遂げた仕事に満足できる人↓五〇％

・強い信頼関係で結ばれた職場環境だと感じている人↓一五％

・主要な目標を達成するうえで、組織が自分の能力をフルに発揮させてくれていると感じている人↓一五％

この調査結果にはこんな説明が付け加えられています。

「サッカーチームでいえば、どっちが相手ゴールだかわかっていない人が十一人中四人。勝負に関心があるのが二人。自分のポジションと役割がわかっているのも二人。さらに、九人は敵よりも、自分のチームメイトに対抗意識をもっている」

私はこの調査結果を見て、「なるほど、そうだな」と思いました。会社や部門・チームは、相手ゴールがどちらかもわからないような人間が四人もいるなかで、サッカーをしているようなものなのです。さらに、自分のポジションや与えられた役割をきちんと理解している人というのは、想像以上に少ないのです。

あなたの部署はどうですか？　「あいつなら、わかっているだろう」と想像するのではなく、実際にコミュニケーションをとって確認してみてください。

この調査結果が真実なら、あなたは部下の返答にめまいがするかもしれません。もしそうなったなら、会社の経営理念、達成すべき目標、仕事におけるポジションなどを丁寧に確認すべきです。

◉理念を浸透させるための四つのステップ

理念を共有し、浸透させるには、どうしたらよいでしょう?

理念を浸透させるには、四つのステップがあると私は考えています。

第一のステップは、**上司が「なぜ、その理念が当社に必要なのか」、「その理念を徹底することにより、どのような影響（効果）が会社にもたらされるのか」、「具体的には、どのような行動を期待しているのか」などを話すこと**です。

第二のステップは、**各自がどこまで咀嚼できていて、理解を深めているのかを確認するために、今度は自分の言葉で自社の理念の必要性を話すこと**です。

第三のステップは、行動への落とし込みです。**朝礼などで、前日の行動を振り返り、理念をどういう形で実現したか、些細なことでも構わないので、行動ベースの話をする**のです。

第四のステップは、理念を実現するための行動を全社で共有できる仕組みづくりをして、

■理念を浸透させる4つのステップ

第1のステップ

上司が理念の必要性、効果を話す

第2のステップ

社員各自が理念の必要性を
自分の言葉で話す

第3のステップ

理念を行動に落とし込み、
その行動を確認する

第4のステップ

理念を実現するための行動を
共有できる仕組みをつくる

シェアすることです。表彰制度などを設け、全社で承認を繰り返す仕組みをつくることがベストでしょう。

Point できる上司になるために⑲

▼理念とは、その会社が何のために存在しているかを示している。
▼経営理念は会社における最高意思決定基準。上司の意思決定もこれに基づく。
▼経営理念を見失うということは、会社が軸を失うことだ。
▼上司は部下とコミュニケーションをとり、理念を共有し、仕事におけるポジション、与えられた役割を丁寧に確認すべき。
▼理念を浸透させるには、四つのステップがある。
▼第一ステップ　社長（上司）自身が具体的に理念の必要性、会社に与える効果を話す。
▼第二ステップ　理念を自分の言葉で話してみる。
▼第三ステップ　理念を行動に落とし込み、実際に行動したことについて話をする。
▼第四ステップ　表彰制度などを取り入れ、会社全体で承認し合う。

上司は情報にフィルターをかけるな

◉ガラス張りが組織を強くする

あなたは情報をどこまで部下に開示していますか？

起業して間もないころ、私は社員によい影響を与えると思った情報は公開し、それ以外の情報は極力開示しないようにしていました。マイナスの情報を公開すると、社員が辞めてしまうんじゃないかと不安だったからです。

しかし、ある時期からそれは間違っていると思うようになりました。「なぜ、情報を隠す必要があるのだろう」と考えたとき、それは社員を信頼してないからだと気がついたのです。

信頼できる社員になら、会社の現状について、よいことも悪いことも明らかにできるはずです。実情を理解してくれたほうが、これからやるべきこと、向かうべき方向について一緒に考えることができます。

それなのに私は社員を信頼せず、マイナスの情報を隠していました。これではいけません。社長である自分が社員を信頼しなくて、社員が自分を信頼してくれるはずがありません。

それからは、情報を社員へ開示することを徹底しました。結果として、マイナスの情報を隠すという私の考え方が間違っていたことは、すぐに証明されました。**情報をオープンにして、ガラス張りの組織を作り上げることで、それまで以上に社員との結びつきは強くなり、強い信頼関係を築くことができた**のです。

◉情報はいつ、どこで、誰の役に立つかわからない

情報を部下に開示しないということは、その情報に関連する仕事はすべて上司が行なうことになります。戦略を考え、判断するというプロセス全体を一人でやらなければなりません。

これで強い組織といえるでしょうか？　強い組織にするためには、誰もが意見をいえる

環境が必要だと前にお話しました。情報を開示しないのでは、部下が意見をいうためのテーブルにさえついていないことになります。

上司によっては、「これは部下には必要ない情報だから」と考えているケースもあるでしょう。

ですが**情報というのは、いつ、どこで、誰の役に立つのかはわからない**ものです。より高度な情報を知っていることで、仕事の優先順位が変わったり、アプローチの方法、コスト管理の意識などが変わってくることもあります。

さらには会社や部門の状況を正しく知ることで、責任の意識が高まり、仕事へのモチベーションに影響を与えることだって考えられます。

一例ですが、起業して間もないころ、会社が一人の社員にかける経費（給料だけでなく交通費、家賃、備品代など）をすべて開示したことで、一人ひとりの社員が自分がどれだけの利益を稼がなければいけないのか、真剣に考えるきっかけになったことがありました。

直接仕事には関係ないような情報、一見くだらないと思える情報など、どんな情報であっても、部下には知る権利があります。「ここまで知らせる必要はないだろう」と上司が勝手にフィルターをかけるのではなく、可能な限り開示しましょう。

◉情報と信頼はギブ・アンド・テイク

部下が情報を求めてきたとき、「君はそこまで知らなくてもいいよ」とか、「おまえに教えることはできない」と答えたら、どう思うでしょうか?

あなたが部下の立場で、上司にそんなふうにいわれたらどうですか?「なんだ、オレは信頼されていないんだな」と思いますよね。上司に信頼されていないと感じたら、部下のモチベーションは一気に下がります。部下にやる気を出させるはずの上司が、わざわざ部下を腐らせてしまうのです。

一方、情報を公開したとき、部下が「こんなことまで、オレに教えてくれるのか」と感じたとしたらどうでしょう。部下は上司に信頼されていると感じ、上司のことも信頼するようになるでしょう。

人は自分が信頼されているとわかると、相手のことも信頼するようになります。自分が心を開けば、相手も開いてくれるというのと同じです。それならば上司が先に部下を信頼してやればいいのです。

私自身の経験では、**部下を信頼して情報を公開したら、部下は私や会社を信頼してくれるようになりました。**公開した情報のなかには、悪い情報も含まれていたにもかかわらず、社員はよりいっそう私を受け入れてくれたのです。正直、情報をすべてオープンにして、気分的にも楽になったものです。

上司と部下が問題を共有するためにも、部下に対する信頼を示すためにも、そして自分自身が楽になるためにも、ぜひ情報は開示してください。

Point　できる上司になるために⑳

▼情報をオープンにして、ガラス張りの組織を作り上げることで、それまで以上に社員の結びつきは強くなり、より強い信頼関係を築くことができる。

▼会社や部門の状況を正しく知ることで、責任の意識が高まり、仕事へのモチベーションに影響を与える。

▼情報は、いつ、どこで、誰の役に立つかわからないので、上司は情報にフィルターをかけてはいけない。

組織を変えたければ、まず自分が変われ

◉部下は自分をくっきり映し出す鏡

自分の部下を見て、「活気がないな」と悩んではいませんか?

でも、部下に活気を出させたり、出なくさせたりしている張本人は、じつは上司なのです。

私は起業してしばらくしたころ、思うような業績が上げられずに悩んでいた時期がありました。社内を見渡しても、社員はどことなく元気がなく、活気が感じられませんでした。

私はふらりと会社を出て、渋谷の喫茶店で、「これからどうしようか」と考えました。どうすれば業績が上がるのか、社員を元気づけるにはどうしたらいいのか。いろいろと考えたのですが、解決策はまったく思い浮かびません。

結局、何の実りもないまま喫茶店を出て、駅の階段を歩いているとき、「嶋津社長！」と知人の女性から声をかけられました。「おう、久しぶり」と挨拶をし、ちょっとお茶を飲んだのですが、そのとき私は相当参っていたらしく、その女性にも、「最近、会社がさぁ…」という感じで悩みを打ち明けました。正直いえば、慰めてほしかったのです。

ところがその女性は、「いまの嶋津社長には、誰もついてきませんよ」とキッパリいいました。「えっ、どうして？」と思わず聞き返してみると、「そんないかにも悩んでいます、疲れていますという顔を社長がしていたら、誰だって嫌になりますよ」と彼女はいったのです。

その言葉を聞いた瞬間、私はドキッとしました。たしかに、私は悩みだらけの疲れ切った顔をして、髪の毛もボサボサ状態でした。

「そうか、まずは自分が元気な顔をしなければ、会社は元気にならないんだ。部下というのは、自分を映す鏡なんだ」

私はそのとき初めて気づいたのです。そこで、私はコンビニでムースとブラシを買い、髪の毛をビシッと整え、颯爽と会社に戻り、大声で「お疲れさま！」と挨拶しました。それだけのことなのですが、不思議なことに社員たちも少しずつ活気を取り戻し、業績は持ち直していきました。

このときほど、「**組織を変えたければ、まず自分が変われ**」という言葉の重さを意識したことはありません。そして、そのことに気づかせてくれた彼女には、いまでもとても感謝しています。余談ですが、その女性はいまの私の妻です（笑）。

部下の元気がないと思ったら、それは自分に元気がない証拠です。部署を暗くするのも、明るくするのも上司で決まります。自分の部署に活気がないと悩むなら、まずは自分が元気になることです。

◉自分の無能さを宣伝するな

上司の姿が映し出されるのは、活気のあるなしだけではありません。

上司がいつも「時間がない、時間がない」といいながら、せわしなく仕事をしていれば、組織全体がせわしなくなります。

反対に、いつも上司がダラダラ仕事をしていれば、部下たちもダラダラ仕事をします。

また、「部下が一生懸命仕事をしていないな」と感じるときは、上司であるあなた自身が一生懸命仕事をしていないのです。

上司の三大禁句は、「疲れた」、「時間がない」、「忙しい」です。

こんな言葉を四六時中発している上司は、自分の能力のなさを宣伝しているようなものです。そして、その空気は必ず部署全体に広がっていきます。もし、自分の部下たちが三大禁句を連発していたら、あなた自身が「疲れた」、「時間がない」、「忙しい」といっているかもしれません。

上司が部下を見ている以上に、部下は上司を見ているものです。上司の言葉や態度は、上司が考えている以上に部下に影響を与えています。ですから、部下とコミュニケーションをとっているときはもちろん、一人で仕事をしているときでも、「見られている」という意識をもちましょう。「部下がいると緊張する」くらいの気持ちでちょうどよいかもしれません。

組織を変えるなら、まず上司であるあなた自身が変わるべきです。すべてはそこからスタートです。

Point　できる上司になるために㉑

▼部下の元気がないと思ったら、それは自分に元気がない証拠だということを思い出せ。部門を暗くするのも、明るくするのも、上司の態度一つにかかっている。
▼上司の言葉や態度は、部下に多大な影響を与えている。

【付録】できる上司が日常で行なっている「当たり前」のこと

第5章までを読み終えて、みなさまはいま、どのようなことを感じられていますか？もしかしたら、非常に当たり前のことが書かれている、とお感じになりませんでしたか？じつは、この「当たり前」こそが大切だと私は考えています。私の経営と人生の成功哲学は「誰にでもできる簡単なことを、誰もができないくらい徹底して続けること」だからです。

この「当たり前」の大切さをわからずに、未知の情報を求めてセミナーに参加したり本を読んだりする人がいますが、そういう人に限って何か特別な情報が得られれば経営がうまくいくと勘違いしているもの。

しかし、経営は「当たり前のことの実行と徹底からすべては始まる」のです。そして、当たり前のことにもっと深く関心を寄せて、その質を上げていくことは誰にでもできるはずです。

「できる上司」と呼ばれる人たちも、この当たり前のことを、毎日のように行なっています。ここに挙げた一二の当たり前のことを自分はできているのか。足りない部分は意識して補い、すでにできている部分はさらに磨きをかけて、できる上司になってください。

❶メンターへの相談
❷情報収集、勉強（能力開発）
❸常にお客様の役に立つことか？　儲かるか？　を考えて行動し、かつ従業員にさせている
❹人脈をつくる
❺やる気のサイクルを回して、部下育成を第一の仕事としている
❻仕事を楽しんでいる
❼メモをよくとる
❽人の功績を認めている
❾いつでも周りの協力が得られるように、周囲へ貢献している
❿ビジョンを誰にでもわかる言葉で常に話している（現場・現物・現状）
⓫健康に気を使っている（食事・運動）
⓬時間を有効に使っている（優先順位を考える）

おわりに

本当に価値のある人や強い企業はどこが違うのでしょうか？

私が二度の上場から学んだことは、企業や人の心に根づいた目に見えない文化（風土）が大きく成長に起因しているということです。

よく「経営者が変わって、会社が変わった」とか、「マネジャーが変わることで、部門がよみがえった」という話を聞きますが、**本当に重要なのは、上司が変わることによって、その組織の文化（風土）が変わり、社員の意識が変わると**いうことです。

優秀なマネジャーは、自分が優れた考え方をもっているだけでなく、それを周囲にも浸透させる力をもっているのです。日産自動車を奇跡的に復活させたカルロス・ゴーン氏も一番の成功要因は、「社員の考え方を変えることができたことだ」と語っています。

会社や部門を変えるためには、一人ひとりの価値観や考え方という目に見えない部分を変えていかなければならないということです。

そのためにもまず、上司であるあなた自身が優れた価値観、考え方を学び、それを部下のみなさんに伝えていってほしいのです。

本書では、たくさんの価値観、物事のとらえ方、考え方、仕事の仕方、コミュニケーション術、組織を強化するノウハウなどを紹介しました。

それらはすべて、すぐにでも現場で活用できるものばかりです。あなた個人が学んだ価値観、考え方を部下の人たちに伝え、その部下の人たちがさらに別の部下たちへと伝えていく。この連鎖によって、会社全体がすぐれた価値観、考え方をもつようになり、それが社会へと波及していくことを心より願っております。

この本を一人でも多くの人に読んでいただくことにより、人の質を変え、会社の質を変え、子どもがあこがれる人たちであふれた、「本当に生まれてきてよかった」と思える自由で豊かな社会づくりに貢献していけたらと思っています。

また、定期的に行なっている「ペイフォワードビジネスカレッジ」公開セミナーでは、私、嶋津良智が、直接みなさまに本書の内容を掘り下げてお伝えしています。毎回、「次へ渡す」ことのできるリーダーを目指す意識の高い方々が集まり、上質な文化形成について楽しく学び、分かち合っています。

もし、よろしければ、ぜひ遊びにきてください。人生を、マネジメントを変える質の高い出会いがきっと待っています。

私がこの本に書き下ろしたノウハウ・ドゥーハウは、サラリーマン時代にお世話になった株式会社フォーバル、その後独立してから創業メンバーといわれる樟山・永井・堀・鶴岡とともに立ち上げた株式会社リンク、そしてその翌年縁あって知り合った、伊藤さん、岩田さん、その仲間たちと立ち上げたレカム株式会社で、部下をもつ上司・経営者として数々の失敗の繰り返しのなかから学び得た発見と教訓がもとになっています。

じつは私は大学時代にテレビドラマに出てくるような教師にあこがれて、教員を目指していました。それがなぜかサラリーマンになり、それも「営業」という大変厳しい世界に飛び込みました。

しかし、その何気ない意思決定により、サラリーマン時代にお世話になった株式会社フォーバルに出会い、そこで鍛えられた結果、「独立」という考えてもみなかった道が開かれ、そして、素晴らしい仲間と出会い、会社を上場させるに至る幸運に恵まれ、いまの私があるのです。

十九年間の社会生活で私を支えてくださった人々から与えられた最高の贈り物は「経験」です。この財産をどう社会に還元していくかがこれからの私のミッションであり、やりたいことでもあります。

教育の差、付き合う人の差、仕事の差が人生の豊かさを決定づけるといっても過言ではありません。よって、大学時代目指した教員魂を呼び起こして、この教育事業で四十代は走り抜けたいと思っています。

最後に、この著書の出版にあたり多大なるご協力をいただいた、日本実業出版社の滝啓輔さん、清水社長を始めラーニングエッジ株式会社のみなさま、とくにご担当いただいた鳥内取締役とスタッフの柿田君に、この場を借りて御礼申し上げます。また、私にとって最高の批評家であり、最高のパートナーであり、最高の母である妻久美にも特別な感謝を述べたいと思います。本当にありがとう……。

嶋津良智

二〇〇六年八月

嶋津良智（しまづ　よしのり）

1965年東京生まれ。大学卒業後、株式会社フォーバル（旧・新日本工販株式会社）に入社。同期100名の中でトップセールスマンとして活躍し、その功績が認められ24歳の若さで最年少営業部長に抜擢。就任3か月で担当部門の成績が全国ナンバー1になる。

その後28歳で独立、株式会社リンクの代表取締役社長に就任。翌年、縁あって知り合った2人の経営者と株式会社レカムジャパン（現・レカム株式会社）を設立。その3年後、出資会社3社を吸収合併、6年目に株式上場を果たす。

そして2005年、次世代リーダーを育成することを目的とした教育機関、カルチャー・アセット・マネジメント株式会社を設立し、“ペイフォワードビジネスカレッジ”を主宰（2007年9月より海外進出にともない、カルチャー・アセット・マネジメント株式会社、および、ペイフォワードビジネスカレッジの名称を「リーダーズアカデミー」へと統一）。講演・セミナーなどで若手経営者・ビジネスマン・学生を中心に、次世代を担うリーダーの育成に取り組んでいる。

日本、シンガポール、アメリカの世界各地で、会社経営に参画する傍ら、人材育成、組織変革、リーダーシップにより、業績の向上に寄与する「上司学」が好評を博し、各企業の業績向上の支援に努める。

また、ベストセラー著者兼ベンチャー経営者仲間と『JBN（Japanese BusinessNetwork）』を発足し、世界各地で活躍する日本人起業家・ビジネスマンを支援するため、ボランティアで世界各国でセミナーなどを開催している。


だから、部下《ぶか》がついてこない！

2006年9月1日　初版発行
2008年5月20日　第8刷発行

著　者　嶋津良智
発行者　上林健一

発行所　株式会社日本実業出版社　東京都文京区本郷3−2−12　〒113-0033
大阪市北区西天満6−8−1　〒530-0047
編集部　☎03-3814-5651
営業部　☎03-3814-5161　振　替　00170-1-25349
http://www.njg.co.jp/

印刷・製本／三晃印刷

この本の内容についてのお問合せは、書面かFAX（03-3818-2723）にてお願い致します。

落丁・乱丁本は、送料小社負担にて、お取り替え致します。

ISBN 978-4-534-04110-4　Printed in JAPAN